I DIDN'T LOSE I WAS READY TO WIN

我沒輸，正準備贏

成偉——著

CONTENTS 目次

CHAPTER 1
我寧願輸在**追求夢想的路上**

CHAPTER 2

夠瘋狂，**才配得上擁有偉大的人生**

CHAPTER 3
彎下腰，活出自己的實力

CHAPTER 4

沒有實現不了的夢想，只要你敢死磕

在追求夢想的路上，你曾害怕嗎？

世界上有這樣幾種人總令我心生敬佩——誤解面前風輕雲淡、貪欲面前坐懷不亂、夢想面前勇於追求，這種勇於追求，會因為日有所思，理直氣壯地變成夜有所夢。

1. 我醒了。
2. 我的銀行帳戶餘額變成了9位數。
3. 我發現我暗戀多年的校花竟然也喜歡我。
4. 那家擠破腦袋都進不去的企業終於向我伸出了橄欖枝。

遺憾的是，每個人做夢都想變換一下順序的事，卻改變不了它

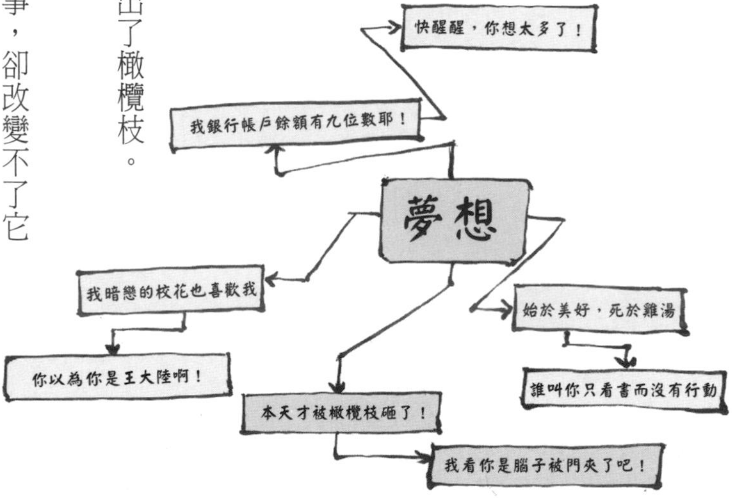
夢想
快醒醒，你想太多了！
我銀行帳戶餘額有九位數耶！
我暗戀的校花也喜歡我
你以為你是王大陸啊！
本天才被橄欖枝砸了！
我看你是腦子被門夾了吧！
始於美好，死於雞湯
誰叫你只看書而沒有行動

依舊是「倒序」的事實。於是，你難免一個月來在涼如水的夜晚對著漫漫長夜抱怨：原來世界是如此殘酷，原來在夢想面前失望，就像朝九晚五的作息一樣，是世界的主旋律。

你沒有發現，世界一直都是這樣，大多數時候夢想都不會沿著「心靈雞湯」的走向發展。只不過，為了證明你與一條鹹魚是有區別的，你的腦子裡會不依不饒地蹦出那個叫作夢想的東西。

然而，「夢想」到底是個什麼東西呢？在追求夢想的路上，你害怕過嗎？

夢想二字從誕生之時，似乎就帶著光耀門楣的使命。它總是在一個繁星滿天的夜裡被人們反復提起，為了它，又有多少人心潮澎湃、熱淚盈眶，握緊拳頭說要去跋山涉水。

夢想之豐富極具個性，當你真正挖出潛藏在心底的真面目時，你會發現——原來「夢想」並非父母口中的「名校畢業後出了幾本書」，也不是你同事口中的「吃著火鍋唱著歌，老婆孩子熱炕頭」，更不是你朋友口中的「誰又上了《富比士[1]》」，亦不是馬雲用半輩子的成功換來的全世界矚目。畢竟，馬雲的夢想對他而言，或許是蜜糖，而對你而言，則可能是砒霜。

夢想的實際尺寸無法丈量，它可以小到每年資助山區的一個窮孩子就是你夙興夜寐的全部動力，也可以大到成為劍橋才子或者矽谷新貴，闖出縱橫天地。

夢想的功效因人而異，有時是暖心藥，有時是補血劑，有時讓你欲罷不能，接著再給你一個冰冷的耳光。即便如此，夢想依舊所向披靡，是大眾最中意的情人。

如果你是一個剛剛走出象牙塔的少年，你不可能沒有夢想，漂亮的面試、百裡挑一的實習機會和對面女孩顛倒眾生的回眸一笑，都是你午夜夢回的眷戀；如果你是一個剛步入社會的有為青年，你也不可能沒有夢想，

1 美國的商業雜誌，因其提供的全球億萬富翁排行和世界百大名人權力榜等排名，而為人熟知。

無論是頻繁的高升還是難得的加薪，都是你心心念念想盡辦法去採摘的紅玫瑰與白玫瑰；如果你是一個上有老下有小的中年大叔，你更不可能沒有夢想，只不過臉上的無所謂掩蓋了內心的蠢蠢欲動，但在看著別人努力的時候，你心早已翻江倒海。

最初，夢想這位情人總是以最魅惑的姿態無一例外地將你捕獲。

日日夜夜，追夢人的故事在大城市裡如排練好的劇情般一幕幕上演：

「混得不錯的投資顧問，一直夢想著能遇見心愛的女孩，卻總是被帶著功利目的走近他的人傷透了心；飛遍世界的空姐，面對無數黃金單身漢的追求，卻依舊沒有契合感，哪怕這些傢伙無不塞滿了事業與金錢；當了六年程式工程師的男子一直夢想著轉行，踏實地從分析師做起，再一躍成為基金經理；而沒日沒夜被財務報表折磨的文青女子，期盼攢夠人生第一桶金，就去追尋兒時純粹的夢想；連常常在烈日下吊在半空的建築工人，在擦著外牆的玻璃時，都會有那麼一瞬間想在這個讓人又愛又恨的大城市裡有一個自己的小窩。」

無數你看得見或者看不見的某某某，彷彿陽光下洋洋灑灑的灰塵，卻不妨礙魯蛇逆襲的夢想讓他們散發出金色的光芒。那些承載了無數人夢想的大城市，像極了一片深邃不見底的大海，其中各種或彪悍或弱小的魚兒，看似在自己的海洋裡自由穿梭，卻裝著另一顆充滿夢想的心。

外面的人想進來，裡面的人想出去——彷彿是現代築夢者的集體危機。其實，這無非是走過年輕的浮躁之後，越來越明白安定的內心所需才是人生最珍貴的夢想，和這山望著那山高並無多大關係。

看似坐擁富可敵國的財富，卻只夢想擁抱一場以真心換真心的羅曼史；看似經歷人生煉獄的人，其實只希望實現自己曾經小小的心願；看似渺小且不起眼的人，心裡卻很可能裝著整個世界。可是，多年後，有多少人真正地沖出重圍，頭也不回地踏上夢的旅途？又有多少人被眼前安逸的暖風吹得暈頭轉向，以至於渾渾噩噩，最後在一個繁星滿天的夜晚自我滿足地說——夢想這東西不過都是騙騙小孩子的，何必認真呢？

原來，**夢想面前，行動和勇氣才是分水嶺**。

一天夜裡上了FB，傳來了一位友人辭職創業的消息。

他在對朋友的感恩信裡這樣寫道——

> 畢業十年了，這十年是從華爾街投資到合資券商，也是從紐約到北京的輪回。我初到紐約時，遭遇全球金融危機，事業起步之初，也缺槍少彈，一人身兼銷售、研究、投資、交易數職，總之事無巨細樣樣來，內憂外患下，我也曾無數次深夜獨自徘徊在海邊。可想想有什麼用呢？唯有咬緊牙關，殺出一條血路。而現在，我把過去的輝煌全部清零，我想要重新再來，十年江湖沉浮，但我深知，自己的人生已經沒有更多的十年可以再揮霍。

我清晰記得，在十年前，這位朋友曾是校園裡的風雲人物，在十年前，我就讀到了他驚心動魄的故事，看到了他熊熊燃燒的夢想火焰；而在十年後，他為了拓展夢想的厚度，為了另一個難以捨棄的夢想，再次放棄江山，出海遠征。

我想，他一定也曾遭遇過質疑、嘲笑和反面的聲音，但是，我更覺得一個人能找到自己真正喜歡做的事情，就和找到真愛的感覺一樣，是多麼重要。而那些在背地裡講你壞話說三道四的人，無論是唾沫亂飛，還是心有不甘，都絲毫影響不了你今後波瀾壯闊的夢想之路。

你也許會說，代價好大。可那種為了「真愛」而奮鬥的幸福感，是那些逆來順受還要質疑你的人，一輩子都體驗不到的美好。

可是若問大多數人：為了不浪費專業所長，繼續做一個在工作崗位上勤勤懇懇的程式設計師，或為了高薪的願望與頭頂的光環，繼續做一個每天與財報為伍的文青，以及為了世俗所謂體面的人生，隨便找一個根本沒有感情的女人解悶，或者為了一句「幹得好不如嫁得好」與一個自己根本看不上眼的黃金單身漢牽手相約愛琴海……，還是優雅地轉身，將你對夢想的赤膽忠心表露出來，剝離掉虛榮心、迎合感並好好去追逐夢想？

恐怕大部分人會毫不猶豫選前者。

為何抱怨的人那麼多，實現夢想的人那麼少，因為真正的勇士，也就寥寥幾人。明明想要實現夢想卻不去努力，沒有執行力，壓抑自己的夢想，不過是掩蓋自己的無能，既不肯放下眼前的歲月靜好，又承受不了逐夢路上的孤獨與痛苦。

所以到最後，追尋夢想的結果無非兩種：一種是你到了終點；另一種是你落在了半路。到了終點的你，怎樣歇斯底里地喊叫、怎樣揮舞著彩旗都不為過，旁觀者最多只是看到了你的輝煌，卻永遠無法明白你的涅槃；而落在半路的你，遠遠望著夢想的高山，卻也終於在時光的縫隙裡變得從容起來。因為從你滿心虔誠地走在萬丈征途上起，你會發現自己忍受了好多寂寞，做了好多功課，也積聚了好多力量，即便此刻沒有到達夢想巔峰，這些也會成為你日後的臺階、你傍身的鎧甲，讓你在今後的路上走得更遠。

只有你自己知道，停在半路的你，總好過有些人把自己的夢想落在了人生的半路。人生最大的痛苦，不是失敗，而是「我原本可以……」。

和戀愛一樣，最終邁向婚姻禮堂多半是難的，落在半路的才是大部分人的人生，但這樣你就怕了嗎？

當然不！你還是要去努力，去感恩失敗，去不斷嘗試，去體驗那個完整的、有意義的、不願將就的、值得期待的夢想之旅。

夢想的路很長，長到你至少可以好好勾勒一個夢想，然後慢慢去規劃著實現；夢想的路也好短，短到你如果沒有找到真正想要實現的夢，總有一天一定會後悔。

曾經你覺得最浪漫的事，也許是你一個人翻山越嶺，不畏豺狼，去尋找山那頭一直出現在你夢裡的女孩。

十幾年以後，你還是你，女孩卻換成了其他的夢想。

你走了很遠很遠的路來到這裡，就算沒有人立刻給你一個溫暖的擁抱，卻不妨礙這份曾經的夢想，在時間的發酵裡，既給了你永遠「有盼頭」的小幸福，也灌溉了你勇敢逐夢的人生。

說到這裡，關於付出努力最終能否實現自己的夢想，很多人依然存在一定疑問。

有人覺得，現實如此殘酷，沒有人脈、沒有門路、沒有人在背後為自己撐腰，再怎麼努力也很難實現自己的夢想；也有人認為，老天對每一個人都是公平的，它給予我們各種不及別人優越的條件之後，必定會給我們指明另外一條通往成功的道路，只要肯努力，就一定能夠取得最後的成功。

很難判斷這兩種說法哪一種更符合現實狀況，人脈、關係被認為是許多人成功的「硬體」，的確有人憑藉這樣的關係贏得了一些表面上的風光。但是，在現實生活中，也有很多人，他們白手起家，沒有任何後臺，憑藉自己的努力實現了自己的夢想。

這兩種情況，相比之下，我更認同後者。但是，也不完全認同。

我並不認為，付出努力就一定能夠成功，在追求夢想的道路上，的確需要很多付出，但只有努力是遠遠不夠的，我們還需要堅定的信念、足夠的實力、明確的方向、不屈不撓的精神等很多東西。但同時也可以明確地說：**如果你不努力，肯定不會取得成功**。

也許有人會說，既然付出努力也不一定取得成功，那麼何必還要浪費精力在各種艱難險阻中摸爬滾打？何不放棄夢想，臣服于現實生活？

如果一定要讓我回答，我會說：「**我寧願輸在追求夢想的路上。**」

我寧願付出自己的努力為自己的夢想拼一拼；

我寧願為了自己的夢想被現實碰撞得滿身瘀青；

我寧願即使付出努力最後也沒有成功；

我寧願跟著自己的心去探索，而不是向現實中的種種困難低頭。

每個人都有自己的夢想，都有自己想要的生活，但是夢想太遠，我們很難保證最後能夠取得成功，但是如果我們不願意嘗試，不邁開腿往前走，我們永遠都不知道自己夢想實現的樣子有多麼美好。

很多人會忌憚於生活中可能出現的種種困難，也會擔心失敗帶來的傷害，但是青春本來不就是貼著創可貼仍然目視前方的樣子嗎？

倔強和堅強是青春最美好的樣子，也是年輕人應該有的模樣。在輸得起的年紀，我們就應該放手去拼一拼。不要擔心可能出現的失敗，也不要擔心別人的嘲笑和不解，你的青春不應該是由自己做主嗎？

跟隨自己的夢想，勇敢去拼搏，才不會在年老時後悔不已，到時我們滿頭白髮，仍然可以對身邊的子孫說：「當年，我也瘋狂過。」

不管最終能否成功，只要敢走就已經成功了一半。即使最後沒有實現自己的夢想，輸在追求夢想的道路上也是一件了不起的事。

本書為各位讀者朋友呈現了那些在追求夢想的道路上勇往直前的人和

事，它時刻提醒我們——在追求夢想的道路上，輸並不可怕，可怕的是我們沒有勇氣輸。

本書一共分為四個部分，Chapter 1 主要詮釋了在追求夢想的道路上要抱有一顆「寧願輸，不怕輸」的心態；Chapter 2 則是從各個角度來講述只有我們足夠瘋狂地去追求夢想，才配擁有偉大的人生；Chapter 3 透過許多現實中的故事，警醒在追求夢想的道路上過於浮躁的人，要不斷增強自己的實力；Chapter 4 則是激勵我們要敢於與現實生活中的種種困難死磕，同時，針對大家遇到的難題，給出了些許具體建議。

也許你正在追求夢想的道路上迷茫，也許你正在為面前的困難所苦惱，也許你不知道要身往何方，但永遠要感謝那些讓你無數次跌倒又無數次披甲上陣的夢想。是它們，召喚你、迷惑你、引誘你，也激勵你，成為這個孤獨旅途上，最珍貴且獨一無二的自己！

此刻，你還有什麼可怕的？

寧願相顧莞爾，不願曾經滄海。

CHAPTER 1
第一章

我寧願輸在
追求夢想的路上

01 我寧願輸在追求夢想的路上

對多數人而言，年少時的夢想似乎總是隨著時光的流逝而消失殆盡。

你曾以為的夢想，是如下面這幅思維導圖呈現的這般：不受時間和金錢的限制，在各個領域都有所涉獵，找到自己的興趣，朋友、家人、同事、同學都圍繞著你，工作不愁晉升、賺錢，坐等退休獲得一大筆財富，隨時來一場說走就走的旅行……等。

心懷眾多抱負，卻沒能欣然往之。

再回首，多半以夢想敗給了「現實」這個聽起來有些凝重的字眼聊以自慰。然而，你真的是敗給了現實嗎？

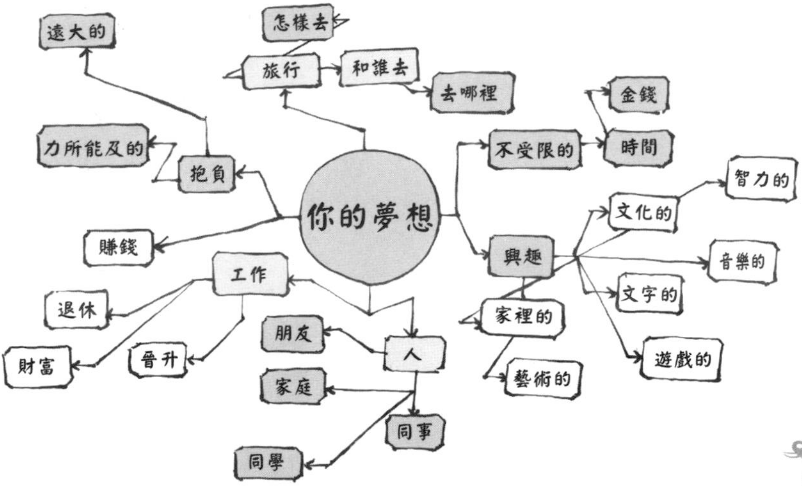

別在不經意間活成讓自己都看不起的人

這個世界上的人大致分為兩種：

第一種人，最初就清楚自己的方向，一生朝著認定的夢想努力；

第二種人，始終不知自己夢在何處，也不相信自己能做些什麼。

有些人總喜歡給自己定一個偉大的夢想——按理說這是一件很不錯的事，但是他們在追求夢想的時候就留下了懦弱的退路，懷抱「既然夢想那麼偉大，偉大就難以實現，那麼我做不到也不會有人怪我」的想法，一路上叫苦喊累，拖拖遝遝，輕易便放棄了。

你問起他們的時候，對方就會找出無數個冠冕堂皇的理由，唯獨不願承認是自己的原因。他們苦笑著說是夢想敗給了「現實」，殊不知是敗給了自己。

也有人整天抱怨：「我努力追夢有什麼用呢？再怎麼努力也比不上富二代……」懷有這些說辭的人，往往對現狀不滿，卻又不願直面人生慘澹的關鍵因素在自身。什麼都沒實現，就什麼都想放棄，習慣了放棄，張嘴一來就是安享平淡，無非是逃避夢想的說辭。

你所謂的「安享平淡」，是有花不完的錢、住舒服的大別墅、穿帥氣的西裝、吃美好的食物……等，而你以為輕而易舉能獲得的「平淡」，哪一樣不需要費盡心思拼命去奮鬥？

張嘉佳在《老情書》中這樣描述，一位老太太痛罵年輕人的一段話令人印象深刻：

「老和尚說終歸要見山是山，但你們經歷見山不是山了嗎？不趁著年輕拔腿就走，去刀山火海，不入世就自以為出世，以為自己是活佛涅槃來的？我的平平淡淡是苦出來的，你們的平平淡淡是懶惰，是害怕，是貪圖安逸，是一條不敢見世面的土狗。」

有多少人，活著活著，就活成了一個讓自己都看不起的人。

想要走向遠方，追求夢想，卻總在現實中徘徊，感受世事滄桑；

想要隨風逐浪，揚帆遠航，卻經不起風吹雨淋，一路踉踉蹌蹌；

想要張開雙翼，展翅頡頏，卻戰慄於懸崖峭壁，終被時光流放。

有人說：「**世界上最富有的人，是跌倒最多的人；世界上最勇敢的**

人，是每次跌倒都能爬起來的人。」

在追逐夢想的路上，因為跌倒，你才看到了別人不曾看過的風景，因為勇敢，才有機會遇見前面更美的風光。

1—只要努力到最後，結果就不重要

逐夢註定是一場艱難的旅程，縱使努力一輩子你都沒法在某件事上獲得一個「A」。

這時的你只要朝著「A」的方向繼續努力就夠了——這是你此生的希望、信仰、追求。

如果你堅持卻沒有得到「A」，結果已經變得不那麼重要了。你會發現生命已經充盈而滿足。

很多時候，你追逐的東西未必會得到，但這不是最重要的。重要的是，你是否還願意在夢想這條路上繼續去追尋，如果願意，即使最後沒有成功，也能收穫不一樣的風景。

2 ─ 不要輸給無法堅持下去的自己

有些人有很多想做的事情，也有能力去做。但只要意識到要耗費很大精力、很長時間才見效果，或者達成的概率不高時，就沒有信心再堅持下去，甚至連第一步都不想邁出去。

不敢嘗試，半途而廢，最終什麼都做不好，卻又不甘於失敗。當看到別人做了自己做不到的事情時，又會羨慕嫉妒恨。羨慕別人的毅力和勇氣，嫉妒別人的成功，恨自己膽怯又容易放棄。

也許，他們也曾無數次告訴自己不能退縮，就算前方無路，也要繼續走下去。於是下定決心、制訂計畫、重新上路，卻依然出現要放棄的念頭。

他們沒有意識到，可以找到幾百個理由告訴自己放棄，卻找不到一個理由讓自己堅持到底——失敗是因為輸給了不能堅持的自己，而不是輸在追求夢想的路上。

難道你這一生都要輸給不能堅持到底的自己嗎？

3 ─ 別被自己設定的「現實」所束縛

夢想的偉大之處不在於說，而在於勇於追求。

在逐夢的過程中，成功的最終體現不一定是彼岸，因為夢想會一直在路上，逐夢途中有著最旖旎的風景。

很多事物都是剛開始時充滿美好，到最後，你會發現其實根本沒有「最後」。

因此，有些夢想，你現在不去追求、不去努力爭取，你就永遠看不到最後，未來你還會錯過更多。你只會在庸碌無為的生活中懺悔，然後在無數次懺悔中哀怨離去。

慢慢你會發現，自己已經失去最初的夢想，淡化了開始的熱情，拋棄了曾經那麼執著的信仰，這就是你所謂的「現實」——其實，這根本就是你自己設定的永遠無法逾越的現實！

是的，不是每一次努力都會有結果，但每一次努力都讓你離夢想的彼岸更近一步。

為了夢想，一路跌跌撞撞，卻從未放棄，寧願輸在追求夢想的路上——正是這樣的信念最終才能為我們的人生加冕。

02 「習以為常」的習慣，讓你變得「稀鬆平常」

有一個很著名的實驗——「溫水煮青蛙」。

青蛙在被投入沸騰的開水中時，由於受不了突然的高溫刺激而立即從開水中逃之夭夭；但如果把青蛙先放入裝有冷水的容器中，再慢慢加熱，結果青蛙會因為開始的水溫感到舒適而在水中悠然自得，直至水溫升高到無法忍受時，卻已無力反抗。

儘管生活通常並不會將你一下子置於死地，而是出其不意地給你製造一些小麻煩。例如：一次沒有拿捏好的抉擇、朋友的意見、周遭的人際關係、一次不該放棄的放棄

或不該堅持的堅持……，久而久之，你前進的信心被一點一點地打擊，你只好安慰自己：或許這就是命運給我的安排，有些夢想註定實現不了，我沒有那種命。

從最初「我一定要成為一個什麼樣的人」，變成「我也許能實現這些夢想」，再到「我實現不了那個夢，我沒那種能力」，最後只剩下一句「算了，就這樣吧！」——所有的雄心壯志就這樣輕而易舉的被推翻！

夢想面前，困難的模樣總是千奇百怪，說不好哪一個就成了讓你對夢想失去熱情，從此一切都變得「習以為常」的原罪。

間歇性躊躇滿志，持續性混吃等死

一個人離自己最初的夢想越來越遠，有時是因為生活所迫，多數時候則是因為生於憂患、死於安樂。隨著年齡的增長，很多人也就越來越不敢輕易打破現狀。那些所謂的野心、夢想，就變成了陽光下的沙子，風輕輕一吹就散了。

張愛玲說：「成名要趁早」。

在我看來，應該這樣理解：一個人在年輕的時候，對生活、夢想的好奇和探索處於欲望比較強烈的時期，體力、精力充沛，時間充裕，對未來有期待，對自己有信心，所以在某個領域去堅持、去實現夢想，更容易成功。

而當一個人年齡漸長，被社會無情打擊N次之後，對夢想的期望值開始不斷下降，對自己的要求越來越低，終於有一天，從野心勃勃變得習以為常、安於現狀，並試圖找很多藉口說服自己：我現在沒什麼不好的，平凡也沒什麼不好的，那些曾經的夢想或許本就不屬於我。

當你對夢想給你下的圈套沒有及時做出回應的時候，就有可能因為備受打擊而信心全無。任由磨難大行其道，心有餘而力不足。漸漸地，對這些磨難從疲于應付，到難以應付，再到習以為常。

殊不知，你大可以在一開始就把這種消極扼殺在搖籃裡，一開始就堅定你的願望，不論受過多少的挫折，只要有希望就堅持下去。

對於這類人，網上有一句調侃性的話——間歇性躊躇滿志，持續性混吃等死。

這可能是大部分人的現狀。

鄰居家的女兒，家庭條件並不富裕，聽鄰居說他女兒Linda學習成績在國中時是中上，但在國中畢業後Linda沒有繼續讀書，她認為就算讀下去也只是在浪費家裡的錢，而且她家還有一個正在讀書的弟弟。因此，她選擇上了高職，出社會後她很快奔赴了實習崗位，那年她只有十八歲，從事酒店工作，而且做的是很低端的職位——打掃客房的服務員。沒想到自己竟然分到了這樣一個都是阿姨的部門，這對長相不錯能力很強的Linda來說無疑是晴天霹靂。她也想過反抗，但都是徒勞無功。

而到了半年後，等她終於可以換部門的時候，她卻已經不想換了，她覺得自己已經習慣了這樣的狀態，何況自己英語不是很好，換了部門也一樣步履艱難。就這樣，她從事客房部的清潔工作，一晃就是三年，當初和她一起進公司的同學們不是換職位就是晉升了。

在現實中，有多少個「Linda」，為了現有的看似安逸的生活而放棄了自己的夢想。

當然，每個人都有選擇的權利，我們也不能就此評判安於現狀的Linda做錯了。但至少，她連改變現狀的念頭都沒有，今後也只會離所謂的夢想愈來愈遠。

1—別讓自己想不起來當初的「野心」

有時，夢想會隨著歲月的遠去，而消失得無影無蹤。為此，若想留住心中的那份澎湃，我們就不應該安於現狀。

而你若懶於改變，那麼你就要忍受以後幾十年如一日的人生。這個過程中，還要時不時地自我安慰：「算了吧！夢想沒實現就沒實現，那麼多人都沒得到自己想要的，也不差我一個，安穩才是最好的！」

你曾經的野心勃勃也終將隨著時光流逝而漸行漸遠，直到你再也想不起「野心」這個詞該怎麼寫。有的時候不逼自己一把，你就永遠不知道自己到底行不行，就像Linda一樣，如果習慣了安於現狀，恐怕一輩子都不會成功。

2 打破現狀只為不負光陰

打破現狀，並不是說一定要去為無法實現的夢想買單，而是不應該在明明可以努力奮鬥的年紀，卻選擇了毫無鬥志的生活，同時還勸說自己這是「平淡是真」、「知足常樂」。

其實，常樂這個詞語之所以用在「足」之後，是因為沒有充足的金錢和時間，「常樂」就無從談起。

著名德意志哲學家伊曼努爾．康德，同時也是德國古典哲學創始人說：「只要這條路是對的，那麼任何東西都不應該妨礙我沿著這條路走下去。」

夢想，只要你義無反顧，就值得你孤注一擲。既然懷揣著野心雄獅，就要讓牠盡情嘶吼、發光發亮，助你拔山蓋世。多年以後，你才能有機會站在藍天之下，擁抱你當初渴望的一切。

此刻，你腳下皆是你用年輪努力拼來的基石，它們讓你站在最高處，散發出耀眼的光芒。

由此刻開始，世界就在你的腳下，踏著夢想的腳步，走在逐夢的路上，在歲月裡盡情綻放自己，讓時光為自己自豪，讓人生為自己驕傲。這一刻，你終於瞭解，原來不安於現狀，只為不負這光輝歲月。千帆過盡，萬物歸心。夢想，一直在路上。

當你越過了世事滄桑，歷盡了千山萬水，終有一天，你會在某個不經意的瞬間，邂逅最美的風景，遇見最好的自己。

03

你在實現夢想的路上，還是只被生活推著走？

有些人，整天無所事事，閑了去打個球，悶了去約個會，過著行屍走肉般的生活，卻偏要說這就是他們想要的。

想想也是，夢想面前充滿了各種阻力，而生活，怎麼過都是一天，它始終會推著你向前走。

從「人性的弱點」來看，當阻力大於推力的時候，若不是被逼無奈，恐怕大部分人都會選擇被生活推著走，而不會去選擇一條充滿阻力、浪費力氣的未知道路。

被生活推著，終有天忘了自己是誰

昨天在FB上看到朋友David，抱怨自己穿著緊綳的西服和夾腳的皮鞋跑了四五條小巷子去買咖啡的經歷，一老同學評論說：「看你的生活真好，哪像我，過得沒夢想沒鬥志沒希望了。」

據David說，他晚上回到家，輾轉反側——他不知道現在的自己，是走在夢想的路上，還是被生活一步步帶向深淵。

這也讓我陷入沉思，甚至想到了我們小學的時候，老師總會讓我們在日記或作文上寫：「我的志願是＿＿＿＿」、「將來我長大了要做＿＿＿＿」。

然而，畢業以後，就很少再有人問你以後想要做什麼。從國中開始，我們每一天的奮鬥都是為了考更高的分數，上更好的學校。

後來和David交流時，記得他說：「高中分文理科時，從來沒有人告訴過我，文科生以後能做什麼，理科生能做什麼，老師們就單純地以我的成績狀況來分析，而那時我的理科分數比較高，於是就被分到了理組，等到我考完學測要填報志願的那一刻，才發現我一直夢想的新聞系只招文科生！

再後來，家裡集合了所有親戚做我的智囊團——報什麼科系

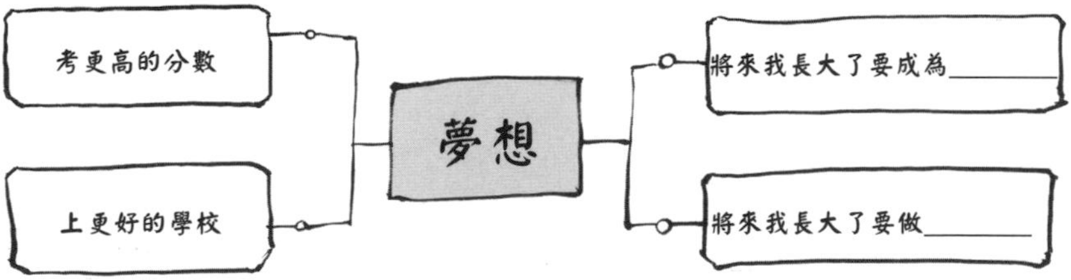

以後比較有『錢』途，之後就再也沒有誰問過我，以後想要做什麼？」

就這樣，David被生活一步步推著往前走，卻都忘了捫心自問：「我這是要去哪？」

記得前兩年一次出差的機會偶遇David，許久不見就一起約了幾個老同學小聚。

閒聊間，我問過David：「你的夢想是什麼？」David脫口而出：「學新聞、做記者。」我接著問：「那為什麼沒選這個專業呢？」David解釋說：「因為文理分科時候不知道……大學又學的不是新聞專業……入職門檻高……」

我當時只回了一個詞：「So what？（所以呢？）」

後來，在我的建議下，David和我玩了一個美國心理學博士總結的「如何與陌生人在四十分鐘內相愛」的測試。問題環環相扣，的確能讓兩個陌生人在短時間內熟絡起來。

其中最令我印象深刻的兩道題是：「你活到現在最大的遺憾是什麼？」、「為什麼現在不去做？」

我們總是拿生活當擋箭牌，給自己的壓力、不夠勇敢找藉口：因為要有穩定的職業，因為要掙錢養家，因為現在還不具備實現夢想的條件……那就這樣吧！現在生活也挺好，夢想又不能當飯吃。

接著，David有些喝多了，似乎略帶遺憾地感慨起來：「想當年我沒有孤注一擲，奮不顧身地去追求夢想。而現在我更沒有了追逐的勇氣。沒想到，忽然在老同學面前這麼一說的時候，才發現我，或者很多人，只是活在別人夢想的生活裡，而自己卻只是被生活推著一步一步走著罷了。我很感激你拋給我這樣一個問題，讓我醍醐灌頂：在所謂的現實和生活壓力之下，是我離夢想的意義越來越遠了！若夢想在左，生活在右，我要怎麼過好剩下的人生？或許，也只能像現在這樣被生活推著……」

說著，David乾了一杯雞尾酒。

在後來的聊天中，我還瞭解到，最近在北京生活了十多年的另一同學Vivian，辭去了年薪幾百萬的工作，準備南下去生活。用她自己的話說：「其實我的夢想，就是能夠有個房子，還有個院子，每天下班回家能夠帶小孩、遛遛狗，做個正常人足矣。」

如此看來，她這十幾年都是在「別人家的孩子」的光環下，當了一輩子學霸，上了頂尖的大學，進入了頂尖的律師事務所，然而她在大城市苦苦打拼了十年也不曾知道自己到底要去往何處。

1—疼痛，是提醒你還在夢想的路上

我們的夢想就像是打開人生背包裡的鑰匙，在到達終點之前，它或許是肩上的重擔。但是，如果我們把它丟掉，要麼迷失方向，找不到終點；要麼到達終點，卻進不去。

人生苦短，壓力太大，身不由己……似乎一切都可以作為夢想擱淺的藉口，卻不能作為放棄夢想的理由！

被生活推著的人，只看到眼前一時得失，是否有錢，是否成功；

被夢想牽著的人，卻能看到未來的機會，是否有利，能否成長。

既然上了路，就不要害怕疼痛。

只要你還有呼吸，就不要浪費這血肉的軀殼；只要你還能思考，就不要被生活奴役了靈魂。哪怕橫衝直撞、遍體鱗傷，疼痛，是在提醒你依然堅守在夢想的路上。

2 既然撒下了種子，就努力開出絢爛的花

在實現夢想的路上，每個人都會或多或少地遇到一段艱難的時光——痛苦、無力，感覺自己已經沒得選擇，卻又糾結自己是否該堅持夢想。最後超過80%的人都選擇了放棄夢想，然後繼續為了生活而生活。在以後的漫長歲月裡，一次次豔羨那些實現了夢想的人：他們能過自己想過的生活，從事自己喜歡的工作，擁有自己喜歡的一切。

你為什麼不可以呢？

因為你沒有堅持！

從心理學角度而言，一旦堅持的力量坍塌，人就會產生自我懷疑。在糾結彷徨之後，又開始為自己開脫，找個社會大眾能夠認同的理由，讓自己「脫身」——這簡直是一條不歸路，夢想沒實現，現實不甘心，一顆心總是吊在半空中，滿腹遺憾、胸有怨氣、晃晃悠悠、難以踏實。

在追求夢想的路上，你可以暫時妥協，讓夢想擱置。但即使是最艱難

的時候，也要讓夢想深深地在心底紮根，讓夢想牽著你走，而不是被生活**推著走！**

既然已經在心裡撒下了夢的種子，就努力讓它開出絢爛之花！

04 夢想雖昂貴，我仍願傾囊而往

你有過夢想嗎？它昂貴嗎？

「成偉，我可能要從此放棄當導演的夢想了。」

我心一驚：「為何？」

「呵呵，我堅持不了了，費用太昂貴。」

放下電話，我沉默良久。

是夢想太昂貴，還是你的精神太貧窮

這是一個遠方朋友打給我的，他在廣州工作了五年，五年來他做過一些簡單而樸素的工作，如採購、行政、編輯。

但我知道他始終有一個夢想——成為知名導演。

為此，他放棄了即將晉升的工作，隻身遠赴北京報考了中央戲劇學院編導專業。他在學校附近租了間房，為了在這裡更好地複習文化課和感受學校氛圍，他希望用不早不晚的青春換一個從未實現的夢想。

他去北京之前和廣州的朋友告別，朋友當時的擔心遠大於祝福，大家還跟他逐一列舉分析了他的困難點：

a 你丟了那麼多年的書本，如今要重拾起來太難了。

b 你大學學的是環境科學專業，和編導八竿子打不著。

c 多少比你有錢比你年輕的人，駐紮在北京，虎視眈眈。

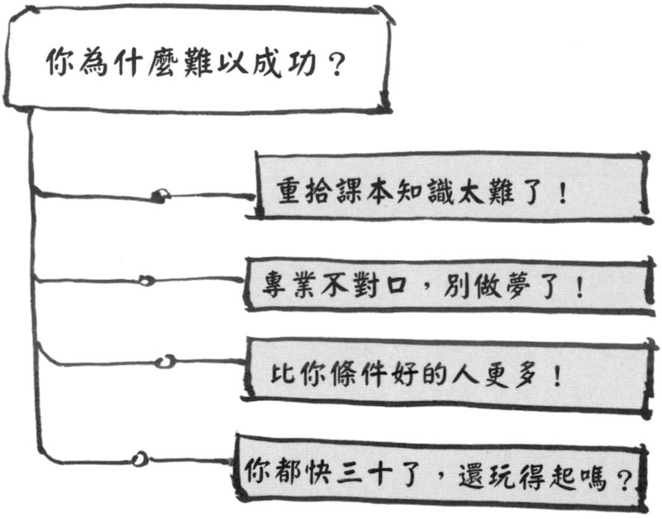
你為什麼難以成功？
重拾課本知識太難了！
專業不對口，別做夢了！
比你條件好的人更多！
你都快三十了，還玩得起嗎？

d你個大男人都快三十歲了。三十歲是一個什麼樣的概念，你仔細想過沒有？你這是在拿人生換遙遠的未知夢啊！

大家一連串的擔憂只換來他一個淺淺淡淡的微笑：「可我還沒到三十，不是嗎？」

既然如此，大家也只剩下祝福了。

懷揣夢想的人總是很容易燃起心中的熱情，他剛到北京的時候很興奮，很快就在學校附近租到了地下室，房租五千多。來不及挑剔居住環境，緊接著，他如饑似渴地購買了大量的資料、考研書籍。所謂資料，就是許多播放影片的工具、拍攝器材、剪輯器材和影片等等。

一個認真為了事業和夢想努力的成熟男人，一旦較真起來是很可怕的。

但編導專業不同於一般專業，不是買點書和試卷反覆練習就好了，這可是一個燒錢的專業。然而，在他看來，一切藝術類學科不都是燒錢的嗎？

他家並不富裕，還好他工作多年積攢了一筆「考研資金」——他捧著這筆資金，就像一個創業者剛剛獲得了天使投資一樣激動。

他除了堅持複習之外，還寫劇本。他固執地認為，不會寫劇本的導演不會有好的發展，就在那個十來平方米的小地下室，他青燈冷椅，日夜奮戰。

轉眼一年過去了，他死在初試上，沒有考上。

他不甘心，聽說那些考上了的同學都報考了輔導班，於是他咬咬牙，繼續砸錢備戰。

有天夜裡正在上網的我看到他還在線上，就順便和他聊了起來。

他說還有四五個月就又要考試了，他的物質和精神供給估計只能維持幾個月了。我問他為何不找家裡支援。他淡淡地說，並沒有告訴家裡這件事。也就是說，全家人都以為他現在還在廣州工作。

這無疑是一場人生的大冒險，一念起，萬水千山，也要赴夢想之約，我欽佩他的勇氣。

距離考試還剩一個月的時候，他給我打來電話，也就是開篇那段，說他堅持不下去了。

我聽了很難受，但我想，他的難受定是遠超我千萬倍。

他可是傾囊而往，將一切都押注在了夢想上，半路放棄，這種滋味比死還難受。

正當我在想如何幫助他之時，收到了他的郵件，他說，他想放棄的那段時間，每天去附近地下通道裡聽歌。

那是一個還未滿十八歲的少年，從偏遠的鄉下來到城市，實現歌唱的夢想，那少年窮得只剩一把破木吉他，為了維持生計，只能白天在速食店打臨時工，晚上來地下通道唱歌，許多好心的路人都會慷慨解囊。他去那裡連續聽了一個星期，最後一晚，他把口袋裡僅有的百元大鈔給了少年，並微笑著對少年說：「你唱得比汪峰[2]好！」少年看著他笑了，露出潔白的牙齒。

他從少年的眼神裡感受到了一種倔強的光芒，他忽然想起小時候看的

---

2 中國大陸知名搖滾歌手、音樂創作人。

一部電影，當時他指著螢幕上滾動的「導演張藝謀」的字幕，對家人說，自己以後要超過他，導出比《紅高粱》更精彩的電影。他記得當時家人笑他為什麼會更精彩，他高聲喊道：因為我會寫出無與倫比的劇本！

他走在川流不息的北京街頭，抹了抹眼淚。他突然想起手機已經一周沒開機了，不知是否已停機，他立刻開機，不到一分鐘，一個電話打入，隨著接聽鍵的滑動，他感到周身忽然籠罩起燦爛星光。

他寫的一個劇本獲獎了，他即將作為新銳編劇的身份於各大雜誌、報紙亮相。

中戲的一名導師（就是評審老師之一），聽說他考研遇阻，也主動聯繫到他，表示很欣賞他的才華，願意幫助他。

他在郵件裡激動地說，這是不是上天對他的恩賜，保佑他夢想不死？

後來他通過那位老師的幫助申請到了一筆助學金，令他順利地參加完考試。

這次考試，他終於過了分數線，榮幸地成為中戲的一分子，那名導師的學生。

他終於從陰暗狹小的地下室裡走了出來，他終於可以站在陽光下笑得比陽光還燦爛。

拿到通知書那天，他又去那個地下通道裡看望那位少年，可是等了好久也不見少年身影。走出地下通道，他瞭望天上的上弦月，忽然覺得，也許少年是被某個唱片公司挖走了，從此走出地下通道開啟了光輝的人生，沒准此刻正在某個錄音棚裡忘我地歌唱。

一定是這樣！他堅定地微笑著。

1─有一種力量足以支撐你昂貴夢想的費用

許多成功人士其實都是從地下通道裡走出來的一個個小人物，他們也深知夢想無比昂貴，很難消費得起。

人人都有夢想，人人都會插上夢想的翅膀，飛躍萬水千山，讓自己的心飛向最美的地方。雖然夢想是免費的，但實現夢想的代價卻是如此高昂，有的夢想之路很長，需要你花費大量的時間、財力、物力和精力，甚至幾代人才能將夢想之路走完。

可這世上還有一種叫作「心」的精神力量，高可摘星辰，大可容江湖。

最重要的是，這顆心一旦燃燒起來，將爆發無限力量抵擋所有現實因素的匱乏，這一力量足以支撐你昂貴的夢想，伴你走過萬水千山。

2｜因為夢想之路難走，所以必當傾囊而往

實現夢想的路很艱難。

在這條路上，有時需要用腳步去丈量，有時要用心去思量。

不管心路還是人生的路，實現夢想，付出是理所當然。你所有的付出，都是一種沉澱和積攢，它們會默默地為你的夢想鋪路，讓你一步一步走向夢想的彼岸。無論經歷快樂還是憂傷，都是你通往夢想的路上的風景，否則走在夢想的路上，你會覺得單調乏味。這樣的夢想沒有分量，也不值得你去付出。

走在夢想的路上，記得用快樂笑對過往，用堅守戰勝孤單，用微笑化解憂傷，用堅強支撐夢想。

走過那道崎嶇的彎，便豁然開朗。

3 —— 當選擇了傾囊而往，就莫再有懦弱的臉龐

在忍耐和堅守的時候，人總會本能地有放棄的念想。這時有的人堅持夢想，有的人放棄夢想，於是便有了堅強與懦弱之分，結果也就別之天壤。相信自己，當你選擇了傾囊而往，你就沒有懦弱的臉龐，你有的是無窮的力量。

通往夢想的路上，免不了受傷、身心疲憊。不妨找個僻靜的角落獨自療傷，細細思量，靜靜地去享受一段寂靜時光，將喧囂紛擾暫忘，去欣賞人間的紅塵冷豔和水波漣漪。

有時候，你會感覺路已走到盡頭，卻始終不見夢想大門向你敞開。其實只是心在彷徨，沒有了再堅持下去的動力，再痛苦的絕望，也只是一個過程，總有結束的時候。逃避解決不了問題，既然選擇了傾囊而往，只有面對才能重新燃起希望，戰勝絕望。鼓起勇氣繼續向前走，或許機遇就在下一個路口。

實現夢想的路途雖艱難、遙遠，但只有勇往直前才會接近夢想所在的地方。

堅持下去，路會越來越短，總有一天，你會到達夢想觸手可及的地方。

05 比堅持更難的，是找到內心一直嚮往的事情

嚮往，輕霧飛揚，予畫一幅，那是「飛響落世間」的饋遣；嚮往，電閃雷鳴，夢醒冬逝，那是「火光閃電飛」的魔幻；嚮往，青山綠水，悠然自得，那是「采菊東籬下」的自在；嚮往，冰雪花開，千紅落敗，那是「娉婷無塵染」的聖潔；嚮往，駝鈴聲聲，落霞滿天，那是「不達終不還」的傲骨。

愛情電影《傷心童話》裡，男主角劉同說過：「人有一個嚮往，是好的。」

人生猶如浩瀚無邊的大海，容易迷失。找到夢的方向，那是一份從容的淡定。

夢想，誰不曾有過，在某段路上，誰不曾堅持過，但是誰又能輕易找到內心一直嚮往的事情？

這也是為什麼我們總要找到前方的燈塔，才能照亮人生。

心嚮往之，行必能至

初識三毛[3]是在學生時代讀了《撒哈拉的故事》，那時總刻意去記錄一些優美的句子，而當時流行的滿分作文，又常出現她那則名句：「撒哈拉的盡頭，有我綺麗的夢。」

看得多了，便記住了。

雖然那時還不知道三毛是誰，也並不懂得那是一種怎樣的心境。後來，有意無意在課上課下偶能聽到關於三毛的議論。於是，開始從別人的眼中去認識這個獨特的作家。慢慢地瞭解，原來她的作品曾風靡了一時，她讓「流浪文學」成為一種現象，她是最真性情、最勇敢、最浪漫的體現。

3 臺灣著名作家，以其在撒哈拉沙漠的生活及見聞為背景，以幽默的文筆發表充滿異國風情的散文作品成名。

或許因為年少輕狂，即便如此，我依舊沒想過去走她的世界，沒有靜下心來去看她的書。直到步入社會的大染缸之後，閒置時間漸漸變得充裕，為了沉澱自己，對好書越發癡迷。自然而然地想到了她的作品，果真是越看越喜歡。

「夏日的撒哈拉就似它漫天飛揚、永不止息的塵埃，好似再也沒有過去的一天。歲月在令人欲死的炎熱下黏了起來。緩慢而無奈的日子，除了使人懶散和疲倦之外，竟對什麼都迷迷糊糊的不起勁。心裡空空洞洞地熬著汗漬漬的日子。」

沙漠有它那不羈的個性、變幻莫測，張揚地想要將一切靠近它的人或物無情地吞噬，自然不會是我們想像中的那般瑰麗。在沙漠裡，死亡的陷阱無處不在。

然而，三毛卻對這陌生而又恐怖的撒哈拉沙漠情有獨鍾，並用她最真摯的情感去描寫生命，仿佛將一顆夢想的種子種在了人們心中，並開出了絢爛的花。

仔細想想，沙漠的生活怎麼可能會盡如人意。

那裡是否有「大漠孤煙直，長河落日圓」的景觀我無從得知，即便是有，若非大胸懷的非常之人也很難欣賞。

王維有這樣的胸懷，三毛也有。

初入撒哈拉，用家徒四壁來形容最貼切不過，傢俱自然是沒有的，飲用水更是緊缺，還有著不明事理卻又故作驕傲的「芳鄰」，不可預測的未知的動亂，凡此種種無不讓灼灼烈日下的人們心情陽光不起來。

可在書中，我讀到的並不是三毛對生活的哀怨。

相反的，她以遊戲人生的態度笑看生活點滴，為了考取駕照，與兩名員警鬥智鬥勇，打發著漫長而苦悶的悠悠歲月；為最好的朋友—姑卡不忿時，心中默念著自己結婚卻沒能為父母賺得一隻羊；白手起家，無論青菜豆腐、陽春白雪都要嘗嘗個中滋味。

大風嗚咽，漫天黃沙，她卻找到了獨有的趣味，沙漠似乎也變得有了色彩。

有人說，三毛的語言裡有著憂鬱的氣質。

三毛在自己的作品《哭泣的駱駝》中自問：

「沙漠裡有什麼吸引我？海闊天空、烈日、風暴，孤寂的生活有歡喜，有悲傷，連這些無知的人，我對他們一樣有愛有恨，混淆不清，我自己也搞不清楚了。」

是什麼支撐著一個弱女子在動盪的撒哈拉怡然自得，或許三毛自己都找不到明確的答案。

我卻終於懂了——心嚮往之，行必能至。

三毛有著對自由的無限的渴望，性格中有著與撒哈拉同樣的不羈，正是這種渴望讓她得以堅持下去。

正如三毛所說：「飛蛾撲火時，一定是快樂幸福的。」在追逐那綺麗的夢的路途上，三毛一定也是快樂而幸福的，因為撒哈拉對她而言，始終是內心嚮往的聖地。

1—沒有嚮往，堅持從何談起

不管世事如何變遷，每個人心中都深藏著一份嚮往，但是這份嚮往卻總是被現實的殘忍輕易蒙上一層灰塵，以至於讓人走著走著就忘記了最初的這份美好。即使有人偶爾想起，也會忌憚於那層灰塵會弄髒自己的雙手，早早地選擇放棄，但若沒有了這份嚮往，堅持還從何談起？

也許會有人說，我有很多嚮往，沒有了這個，還可以有其他的。

是的，每個人的欲望都是無窮的，嚮往也可以很多，丟了這個，還可以再有其他的。但是，在你去實現這些所謂「替補嚮往」的過程，在看到「天才們」的成功時，難道不會有一種重新找回自己內心一直嚮往的事情的衝動嗎？

2 — 要有嚮往，才有堅持的力量

在人生的每個階段，我們都應該找到內心的嚮往。

儘管現實讓我們常常每天為了幾斗米折斷腰，忙忙碌碌，四處奔波，但是沒有嚮往的生活，還有什麼堅持下去的動力？

夢想是一個堅持的過程。

堅持很難，但是如果能夠找到內心一直嚮往的事情，堅持也就有了動力。

因此，我們都要樂於將內心的嚮往作為堅持下去的精神支柱，只要找到內心一直嚮往的事情，便再也沒有什麼能夠阻擋自己前進的腳步。

世界很大，夢想也很大，怎樣才能在滿是霾害的現實中找到屬於自己的成長之路，內心的嚮往無疑就是最好的燈塔！

心嚮往之，行必將至。

06 別拿「平淡是真」做庸碌的藉口

在一個網路問答平台上，曾有人提出這樣的問題：「沒工作、不交朋友、整日躲在家裡、滑手機、週末去夜店報個到、平時在家看看文藝片外，幾乎無其他愛好。為什麼這樣的『魯蛇』整日不思進取、安於現狀，還覺得沒什麼不好的，甚至以『平淡是真』應付人生？」

說沒有夢想的人，並不是真的沒有夢想。

說不想成功的人，並不是真的不想成功。

在追求夢想的路上，我們缺少的往往不是時間、精力、資金、人脈……而是缺少改變現狀、承擔壓力、持續努力的勇氣。

而當你以「平淡是真」來安慰自己的怯懦，坦然接受自己的庸碌生活，你真的就是快樂、幸福的嗎？

未必！有時你只是怕而不為，而這只是你為庸碌的人生找的藉口罷了！

只有弱者才會為了逃避找理由

在我早期的職場生涯中，有個被大家戲稱為「找理由哥」的同事，他畢業於某大學會計系。

剛上班時，找理由哥問我是不是托關係進來的，我說：「不是，我們都一樣，都是通過人事部招聘來的。」

接著，找理由哥突然提到自己的身世：「我是從鄉下上來的，在大城市讀大學時，班上同學為了爭獎學金頭破血流，太現實了。」我說：「這就是大學裡的殘酷現實，但聽你說大學裡全都是勾心鬥角，恐怕是因為自己沒有得到好處，反之你就不會這麼認為了。」

然後找理由哥說自己並不是因為沒有撈到好處，而是不想浪費力氣去和別人爭，所以直到大學畢業，只得過一次獎學金。

除此之外，找理由哥在工作中總喜歡埋怨自己專業不對口，機會少，上司不重視自己。因此，他每天上班都是渾渾噩噩地度過。

他說自己的目標是考公務員，但每天上班聽到他說的話大多是「昨晚我因為失眠到淩晨才睡著」，下班時聽見他說的大多則是「這煩躁的一天終於過去了」，似乎每天都這樣無所事事。

我曾勸他說：「如果你擺正心態、少找理由、多找機會，就不會煩躁了。你既然來到這裡上班，就得先安心，既要做好工作，也要不耽誤公務員考試。」

他聽了笑著說知道了，明天開始努力。

第二天，找理由哥來上班，仍然是戴著耳機無所事事地聽聽音樂、上上網。

我說，你不是要準備努力考公務員了嗎？

這時，他又會找很多理由說明自己不想現在做的原因。

怎麼樣，有信心嗎？

例如，他說自己從來沒有寫過文章，腦海裡沒墨水，考公務員不會寫哪行；他說如果有考過的朋友能輔導下自己就好了，卻沒見他請教過誰；他說自己在網上看過別人寫的經歷，覺得當公務員似乎也沒有太大「錢」途。

總之，找理由哥會因為各式各樣的理由而推託。

其實，找理由哥總是喜歡給自己明明能做好卻不敢挑戰的事情找各種理由。

而一次又一次地找理由，無外乎是弱者的表現。

真正的強者只會在失敗中看見自己的不足，在別人找理由時去找方法，彌補缺失，而不是像弱者那樣為逃避問題而找理由。

很多時候，你的各種理由只會讓你不敢正視問題，不敢面對現實，變得愈來愈逃避和膽怯。

除了公司安排的基本工作，找理由哥基本上就沒什麼事情可做了。有時其他同事要他幫忙，他總是嘴巴上說得好，馬上做，過了一會兒再問他時，他卻懶散地說：「不急，等會兒就做。」

每當聽到他這麼一說，同事們通常自己就把問題解決了。

等同事工作忙完了，找理由哥才說：「你需要什麼，我幫你。」

當同事說已經做完了，他就會驚訝地說：「這麼快呀！那我繼續聽音樂了。」

可見，找理由哥大部分時間都在上網聊天、看電影、聽歌。

有幾次，同事們在一起吃飯，閒聊間，同事提到他的某個朋友考上公務員了，或者某同學在國企上班福利待遇特好，找理由哥總喜歡補上一句：「像我們鄉下長大的孩子沒背景，你說的這種肯定是有關係的。」

他每次補上這句時，我就會想，為什麼一定要補上「鄉下」兩個字，難道因為自己是從鄉下到城市裡來打拼，就比別人低一等？

有一回，找理由哥又在我面前念叨工作不好做、上司也不重視自己、每天這樣庸庸碌碌地上班真的很沒幹勁。

當時我也心直口快地說：「如果你總把不被重視、工作不好做當作自我懈怠、不求上進的理由，那麼無論到哪都會有同樣的感覺，哪怕以後當上了夢想的公務員，也仍是在為自己找各種理由，依然難以有所改變。」

找理由哥聽了後，也許是被我說得不好意思了，沉默了許久才問，該怎麼辦。

我說：「我也是為你好。如果你想改變，完全可以從一點一滴開始做起。你將來想當公務員，那你可以看公務員考試的書，或者嘗試看別人寫的評論文章，學會做筆記，努力總會獲得成功。」

找理由哥說，他晚上回租屋也試圖看書，但有好幾個朋友與他合租，晚上太吵鬧，沒辦法看書。

你看，找理由哥又在「找理由」了。

1 不要把自己的庸碌和失敗歸咎於生活

有人說積極的環境會造就積極的人，反之只會讓人愈來愈消極。其實，「找理由哥」只是安於現狀，不願努力。

美國科學家佛蘭克林說過：「既然實現你的理想和目標關鍵在於採取行動，那麼就沒有尋找理由的餘地。」

努力奮鬥與藉口無關，貧窮也不是你自甘墮落的理由，只要你想改變自己，任何時候努力都不晚。

在競爭激烈的今天，我們更不能總是為生活找諸多理由。理由多了，難免不思進取，得過且過，更不願花時間為夢想努力。

有時候，那些貌似動聽的理由只是敷衍和藉口。當你因為一件事情想找理由時，也是在否定自己。

有些成長，的確需要經歷痛楚才能體會其中酸甜苦辣，促使自己更加堅強。但很多時候，我們明明可以變得越來越好。只是，因為常常被奮鬥過程中的理由一點一點地消磨了拼勁，讓我們甘於平庸，最終埋沒於人海中。

2 ─ 別給自己的懶惰找藉口

追求夢想的路上，不要害怕失敗，此刻完成不了的事，並不代表努力後也完成不了。

在工作中，有人喜歡偷懶；有人卻很勤奮，在獲得報酬的時候前者會抱怨獲得太少，完全沒想過去計較兩者的付出。平庸卻很簡單，一分一秒就能做到。想成為人上人，就得花費更多的努力。

別再為自己的不努力找理由，這只會讓你越來越甘於平庸。

你不知道，你在為完成不了一項任務找理由時，那些努力的人卻在找方法，而不是找各種冠冕堂皇的理由。

不要再說什麼「平淡是真」，你不努力不成功，沒人會為你買單。

失敗對於想成功的人來說只是可以舔舐的傷口，而對於習慣找藉口的人來說，卻是難以逾越的險峰。

能夠決定你命運的，是決心和努力，而不是藉口和環境。過不好這一生不是你的錯，但不努力過好這一生，是悲哀，是一聲歎息。

人最怕的不是輸在追求夢想的路上，而是一生庸碌無為，還以平淡是真自我安慰。

07 用夢想作為支點，撬起你的人生

在這個充斥誘惑和混亂的時代裡，我們並不需要做太多。想做的事太多，應該做的事也太多。然而最重要的事情永遠只有一件——找到夢的支點，撬起你的人生！

夢想猶如多米諾骨牌的起點

Miss Yu曾是一位「胖妞」，感情、工作都不順。

二〇一六年的春天，她只做了一件事情——減肥。從六十五公斤減到五十公斤，意想不到的事情發生了。

體重的變化給Miss Yu帶來了精神面貌的改變，她成功跳槽到了一家跨國大公司，做了自己想做的工作。緊接著遇見一位同樣在跨國公司工作的男人，他們相戀並幸福地生活在了一起。

而另一位鐘先生，曾一度在人生的低谷中走不出來——丟了工作，和女友分手，社交圈越來越窄，處處碰壁。

越是如此，鐘先生越是不甘心。他開始混跡於各種酒吧想要尋找新女友，此時，我給了他一個建議，從此他不再混跡於各大夜場，也不再急於交女朋友，而是全力以赴地去找工作。

如今，他已是一名高級項目主管，年薪兩百五十萬，身邊也早已有了一個才貌雙全的女友。

——這就是多米諾骨牌效應。

當你做成一件事情、實現一個夢想之後，此刻的成功就會成為你的支點，它能激發你的意志努力完成更多的事，其他各種好事都會接連而來，人生就會有奇遇。

而你要做的，就是先找到多米諾骨牌的起

點——帶著夢想出發，撬動你的整個人生。

偉大的古希臘哲學家、百科式科學家、數學家、物理學家、力學家、靜態力學和流體靜力學的奠基人阿基米德說過：「給我一個支點，我能撬起整個地球。」

其實，這不只是一個哲學命題，更是一個人生智慧。

沒有支點的人生往往一事無成。反之卻能帶你走向更寬闊的世界。就像奇妙的多米諾骨牌，從一張小小的牌開始，因為有了支點帶來的聯動力量，能夠推倒整幢大樓。

而你的那張夢想王牌，又在哪裡？

以下這些方法，也許能幫你找到夢的支點。

a 夢想必須和你的人生藍圖息息相關。如果只做一件事情，讓你覺得自己沒有白活，你會去追尋怎樣的夢想？

b 關於夢想有明確的描述。寬泛的畫畫、寫作、旅行，並不能成為最終的夢想。還必須有明確的描述。

c實現了一個夢想，其他的事都變得簡單或不那麼重要了。

1—專心實現你那最重要的事

於萬千事情之中，你總能找到最重要的——專心實現這個夢想，是成功的唯一法則。

人生太短，我們沒有時間為太多不相干的事情分心；人生也挺長，足夠你去實現最想到達的遠方。

不時地問問自己，什麼樣的夢想能夠實現我的人生價值？什麼樣的事情，能夠讓我的工作獲得提升，讓愛情升溫，讓家庭和睦？

複雜世界裡，不懷疑，不慌張，才能從容帶著夢想看世界，直到地老天荒。

2—給夢想一個支點，撐起整個人生

一個支點，讓夢想擁有攀爬的理由和方向。

即便現實的泥潭令你淹沒了希望，但夢想從來不會輕易言敗，永遠不要放棄。換個角度編織夢想，給它一個支點。山重水複亦會柳暗花明，用智慧擦去現實的塵埃，才能撬動整個人生！

「每個人都擁有一個夢，平凡而不平庸。」

不妨給你的夢想找一個支點，圍繞這個支點而一生努力！

追夢的路不會平坦，追夢的路上會有很多精彩的故事等著你：沮喪的、喜悅的、感人的、失敗的，更有成功的。

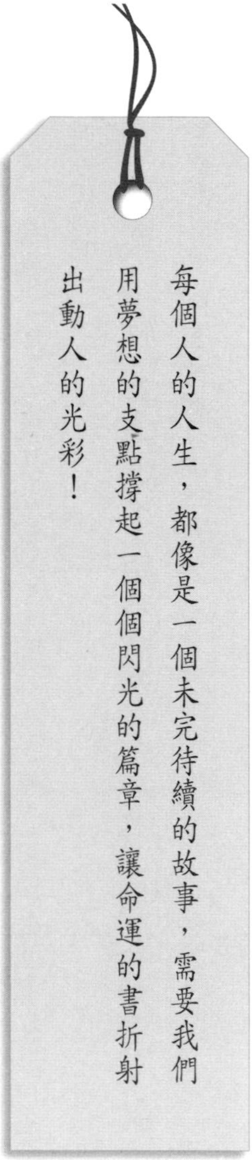

每個人的人生，都像是一個未完待續的故事，需要我們用夢想的支點撐起一個個閃光的篇章，讓命運的書折射出動人的光彩！

08 你十年前的夢想，還在嗎？

不久前，網上圍繞著「十年前，十年後」出現了不少的句子：

十年前我以為自己是棵大樹，十年後我才明白自己只不過是棵小草；

十年前我唯一能浪費的就是時間，十年後除了時間我什麼都能浪費；

十年前我們可以說青春無悔，十年後我們只能說青春不在；

十年前我們可以遊戲人生，十年後我們卻處在人生的遊戲中；

十年前我們為打一個電話四處尋找公用電話，十年後我們有了手機，依然四處奔波；

十年前我目標月薪三萬元，十年後我月薪十萬元，依然無法快樂；

十年前我最怕的就是批評，十年後我最難得到的卻是批評；

十年前一百元我可以花一整個月，十年後我吃一頓飯就要五百元；

十年前我渴望住進五星飯店，十年後我住進五星飯店，卻想回家；

十年前我渴望坐一次飛機，十年後我最害怕的就是坐飛機。

你是否問過自己：

十年前的夢想還在嗎？

十年前，你相信的事沒有被動搖吧？

十年來，你做過的事能讓你無悔嗎？

十年來，你所做的一切，值得嗎？

若十年前的夢想還未熄滅，你還在等什麼

今年過年回家，侄女Anna與我分享了她大學時同寢室裡「四個女神經病」的故事。

Jessica瘋狂迷戀日本著名的重金屬樂隊X JAPAN，夢想成為帥氣的女鼓手，她每天都在上網，搜索樂隊成員的活動、代言，以及粉絲論壇裡的一切情報。

May想要成為一名科幻女作家。她是一個科幻宅，沒課的時候就窩在寢室裡讀世界科幻小說三巨頭：以撒・艾西莫夫、羅伯特・海萊因、亞

瑟・查理斯・克拉克。類似《駭客任務》的電影，她看過不下十遍，連下一秒的臺詞是什麼，她都能脫口而出。

Lily的夢想是走遍世界成為旅行達人，她從大學開始就簽約了一家旅行社，成為國內短途旅行的領隊，短短幾年時間就已經跑遍了學校周邊好玩的地方。

最後是侄女Anna，她就喜歡看閒書而已，經常曠課，夢想過無憂無慮的生活。好在最後臨時抱佛腳，順利畢了業。畢業前夕她曾說自己想去一家成立於美國紐約的國際金融服務公司—摩根士丹利（Morgan Stanley，NYSE：MS）工作。

後來，大家畢業後各分東西，開始找工作。

開始工作後，四姐妹迅速被接踵而至的工作淹沒。大家見面的次數少了，時間久了，也就是網路上「你最近在忙什麼？改天一起吃飯！」這樣的關係。

Anna說，她到現在才終於明白「**迷失的人迷失了，相逢的人會再相逢**」這句話。

Anna現在還有聯繫的一位也就是Jessica了。當年的Jessica因為追X JAPAN，自學日語，並拿到了日語一級證書，現在在一家出版公司，從事出版日本小說的工作。

一個週末兩人一起吃了頓飯，交換了最新的八卦之後，Jessica拿出最新出版的一本小說給Anna看。

Anna一看愣住了，是日本東京作家、自由文案工作者石田衣良的《孤獨小說家[4]》。

Anna說：「你居然出了他的書。」

「沒錯，我記得讀書時你很喜歡他，所以就帶了一本給你。」Jessica答。

在回家的車上，Anna饒有興致地翻開這本書看了起來。

「十年前的夢想，如果還沒有熄滅，就讓它永遠燃燒吧！」——看到

---

4 北京聯合出版公司於二〇一六年四月十五日出版，臺灣尚未出版。

這句話的第一眼，Anna有點傻了。

Anna說，書中的這位孤獨小說家叫青田耕平，堅持寫小說十年依舊籍籍無名。

他卻繼續堅持著——這位不顧一切追求夢想的小說家，用自己的溫情、熱忱、堅韌，守護著屬於自己的一片夢田。

Anna更沒想到的是，陪伴自己整個青春期的竟然寫出了讓自己無比懷念的青春。她覺得石田衣良筆下的小說家，像極了四姐妹當中的任何一個人。

讓侄女更為感慨的是，剛好到了三十歲的年紀——不算青春但尚且年輕。我們還記得自己十年前的夢想嗎？

而這十年來所做的一切是在為了最初的夢想努力嗎？值得嗎？

1—人生並沒有什麼奇跡

更多時候，回憶當年，大多數人都是把夢想有一搭沒一搭地忘在一旁了，早早便繳械投降。

類似電影裡的所謂奇跡並沒有發生在我們周圍。夢想也並不是一鳴驚人，晃晃悠悠就這樣一步一步走過來了。而成功的人，大多是腳踏實地、經年累月地堅持。

2 請記得夢想當初的模樣

許多年輕人正擁有著生命中充滿無限可能的十年，看似殘酷卻又最充滿希望的十年。

十年，說長不長，說短不短。它足以改變一個人的身份、衣著、面貌甚至人生觀價值觀。那麼，夢想呢？你的夢想是否能夠堅持十年？

十年來，你一直堅持的所謂夢想，是否還是最初的模樣？

如果你還能找到心中的答案，那麼，正如《孤獨小說家》裡寫的那樣：十年前的夢想，如果還沒有熄滅，就讓它永遠燃燒吧！

09

去追夢，告別鹹魚一樣的人生

周星馳在《少林足球》裡說：「做人如果沒夢想，跟鹹魚有什麼分別！」

在現實中，的確沒有人願意過「鹹魚般的人生」。但無論你如何自我安慰，都無法掩蓋那又苦又鹹的味道——沒有夢想的人生可不就是這個味道！

一方面生活的現實浸染著你的身體，另一方面沒有夢想的空洞像被鹽醃制過的鹹魚一樣，時刻令你不自覺地發出厭惡的喘息。

你怎麼辦？

是得過且過，還是想要鹹魚翻身，勇敢去追夢？

你的夢想決定你未來的人生

有人說：「夢想決定一個人將來的成就。」

從心理學角度分析，這句話涉及了人類複雜的情感——觸及了人生所要遇見的各種境況。人之所以成為人就在於他的夢想，而一個人的成功則是他所有夢想的顯現。

沒有種子，就不可能有植物，更談不上茁壯成長。人若沒有了夢想的種子，其一切行為也就成了無源之水，人生也就不會完整。無論是那些「自然發生」的行為，還是「出乎意料」的行為，抑或是「刻意設計」的行為，這個道理都適用。

如果說行為是夢想的花朵，那麼情感就是夢想結下的果實。所以，一個人的夢想決定了他最終收穫的果實是甜蜜的還是苦澀的。

1｜把夢想掌握在自己手中

很多人寧願相信命運而不相信自己，人只要能夠正確地選擇夢想並且付諸實踐，其實成功與否掌握在自己手中。如果錯誤地濫用自己的夢想，就只能墮落為失敗者。在這兩種極端之間，存在著不同層級的成功，但每個人都是自己的創造者與生命的主宰者。

你才是自己夢想的主人，作為力量、智慧與愛的化身，應對任何境遇的鑰匙就在你自己手中。而在你強大的內心裡，自身還有一個蛻變和重生的裝置，借助這個秘密武器，你就可以實現自己的夢想，成為自己想成為的人。

只有經過大量的開採工作，我們才能獲得黃金和珍貴的寶石，同樣，只有努力開採夢想的寶藏，我們才能挖掘人生的價值，你既是人生的塑造者也是命運的構築者。

追尋者就是發現者，只要他去敲門，大門就會為他開啟。只有依靠耐心、實踐以及堅持不懈的毅力，我們才能夠邁入成功的大門。

2 — 夢想已在眼前，就繼續前行

有夢想就去追逐，你才能在自己最艱難的時候，相信堅持下去就有陽光。你才能在自己最輝煌的時候，保持清醒，做出決斷，為夢想義無反顧。哪怕暫時做著自己並不喜歡的工作，辛苦萬分，你也能夠為此努力，因為你清楚地知道這份努力的意義。但我們在還沒有成熟的時候，往往在徘徊中等待，在等待中迷茫和失敗。

許多人在二三十歲的年紀不知道自己應該做些什麼，還能做些什麼。每天彷徨、掙扎，顛沛流離。最奇怪的是，每天似乎都躊躇滿志，卻又無所事事。這或許是每一個人成長中都會經歷的磨難。

開始你或許會疑惑路的盡頭在何處，直到後來自己真的走了許多路，轉了很多道彎，才發現其實路永無盡頭，而夢想一直在路上。

你或許會說，青春，誰沒有迷茫過、彷徨過，但這都不足以成為不去追夢的理由。一旦上了路，就要始終相信，山重水複疑無路，柳暗花明又一村。歲月會給予你更耀眼的光芒，時光會帶領你走向更光明的道路。

既然已經啟程，就不要停下來。

3 — 夢想不是一個安靜的名詞

不要說你只是想安靜地做一個逐夢者，夢想可不是靜靜地名詞，而是一個動詞。

夢想的力量足以讓你走得更遠。當你站在歲月的軌道，也不會孤單。縱然時光照得你一臉滄桑，但只要還有對生活的一份期待，對未來的一份嚮往，哪怕你的夢想在半路夭折了，你也應該重新撿起來，努力地拼湊出新的藍圖，直至再次背上夢想前行。

一個人，只有在追求夢想的路上，才會有無限的潛能和激情，才會釋放出最美的光芒。

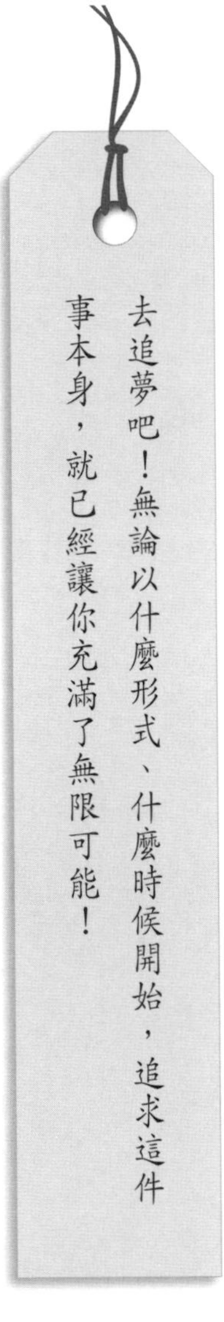

去追夢吧！無論以什麼形式、什麼時候開始，追求這件事本身，就已經讓你充滿了無限可能！

CHAPTER 2
第二章

夠瘋狂，
才配得上擁有偉大的人生

01

滾開吧，普通生活

你總是夢想著擁有偉大的人生，到頭來為何依舊過著平凡的生活？關於這個問題，早在一百年前，英國小說家、戲劇家威廉．薩默塞特．毛姆就做了這樣的回答——

每個人都渴望擁有不平凡的人生，但幾乎每個人，卻不得不被平凡的現實所「囚禁」。

應該抬頭看月亮，還是該向現實妥協

幾個月前，由於工作關係到外地出差。飛行途中，我隨手拿起毛姆[5]

5 英國現代小說家、劇作家。

最知名的小說《月亮與六便士》閱讀。其間，聽到鄰座的一行人越來越多的抱怨，大多是：「×××有什麼了不起，不就是因為……嗎？」

省略的部分可以用運氣好、背景強大、家裡有錢等等來替代。

這一切看起來別人優於自己的資質條件，在他們口中，統統成了「負面清單」，繼而抱怨自己不得志，總之是理想豐滿，現實骨感。聽得多了，你就能感受到，這種抱怨之中蘊含著一股被現實毀滅之後無處消散的怨氣。

然而，現實真的能將你毀滅嗎？

這讓我聯想到了《月亮與六便士》這本書的主題——我們到底應該抬頭看月亮，還是低頭撿六便士？

前者代表擁抱內心真正夢想的人生，後者代表向現實生活低頭的人生。

在我看來，與其說毛姆是在討論「我們該勇往直前還是該向現實妥協」，不如說他向我們詮釋了「平凡人生」與「偉大人生」的現實差異。

或許意在告訴我們這樣的客觀事實——你為何無法擁抱偉大的人生？

答案很簡單：因為你不是天才。你若不是天才，便是因為你還不夠瘋狂。

只有瘋狂的人才不受常理的限制，敢於冒天下之大不韙，敢投擲自己人生那顆命運的骰子，並勇於承擔不如意甚至極端的後果。

而大部分多慮、默默無聞的平凡人，則大抵只能坐享人間平常福——最正常的生活！

普通生活過得久了，也便習慣于被普通生活中的規則所桎梏。

與「普通生活」Say Goodbye

為什麼「普通生活」是大多數人的人生狀態？

從心理學角度而言，「普通生活」的模式能給人以安逸之感。它就像一條靜謐的小河，蜿蜒浸潤著生命的草場。

然而，你是不是覺得，大多數人都選擇這樣的方式來度過一生似乎欠缺了點兒什麼？

儘管不得不承認這種所謂的「普通生活」具備一定意義的社會價值，它能夠促使整個社會井然有序、穩步向前，但是不甘平庸的人血液裡一定有一種強烈的渴望，渴望來一場波瀾壯闊、狂放不羈的旅行。

是不是覺得，我們的生活是社會有機體的一部分，我們只能生活在這個整體裡，依存它過完一生？

但你是否想過，自己也許正在「被吞沒在社會這個大型的整體裡」，而這種生活漸漸使你變成了一個與夢想絕緣的孤絕的個體。

這個「整體」中往往有這樣的所謂「集體智慧」——也就是你日漸默認了的生活，諸如：

a人生來就應該努力追求物質上更加富足、穩健的生活，不只為自己，也為身邊的人。

b人應該扮演好社會中自己的角色，積極承擔社會家庭責任，對自己的親人、朋友、同事等負責。

c人應該融洽地生活在自己周圍的圈子裡，與圈子中的其他人保持一致。

而同樣，你也漸漸有了這樣理所當然的認知：

a我們不應該為了不切實際的夢想去發瘋。

b當我擁有一份「荒唐」夢想的時候，就不得不接受更多的拷問甚至責備。

c我的行為必須是能夠被人理解的，要正當、要合理。

假如你的心智正常，你的生命就會因此無休止地輾轉於各種人之常情的旋渦之中。

也許你會說，安逸的社會氛圍就是這樣消磨了你的心智和夢想。

但真正消磨你心智和夢想的，真的是我們所處的社會嗎？

或許，你更應該對自己說——Go out（滾開），普通生活！

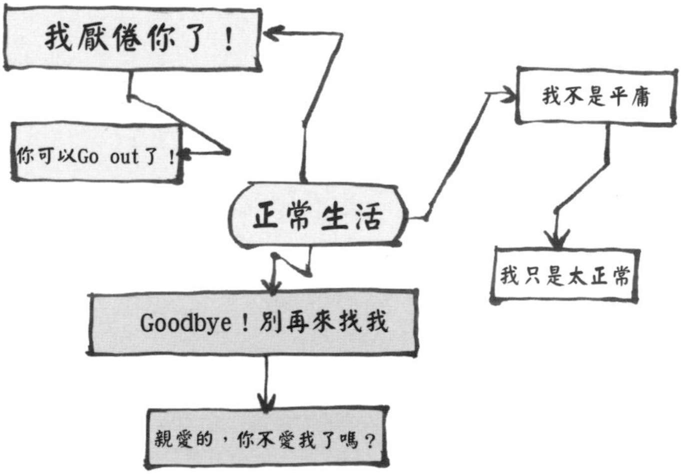

若能夠生而無憾地迎接寂滅，這該是多麼難得又圓滿的人生，人生最大的手筆，不正是如此嗎？

世界上只有少數人能夠最終抵達自己夢想的彼岸。然而，如果擁有偉大的人生是你的夢想，你就必須有與其匹配的強大內心，不能輕易地被世人的意見所束縛，甚至違背「人之常情」這一「普世價值」，你的幸福質感也要與世人迥異。正如世人眼中的孤獨，卻是你的狂歡；世人眼中的煉獄，卻是你的天堂。

「普通生活」可以給你水波不興般的穩定人生，但你的人性卻逃脫不掉無所不在的桎梏，也無法奢望解放天性的自由。

文明在某種程度上是對人的一種異化。這種異化導致只有掩藏真實個性的人在集體中才能得以生存抑或如魚得水，而最終慣性會將你磨成一個完全失去真實個性的人。

1—你不曾平庸，也不要甘於平凡

每個人都擁有一個世界，在你自己的世界裡，你從來不曾平庸。

大多數人的不成功並不能歸咎于才智平庸，也並非單純的時運不濟，往往是因為不能一貫地保持健康的心態。通常使我們退縮的挫折，不是真的有多麼困難，而是我們的心態首先繳械投降了，長此以往必然會一蹶不振。首先要為自己培養一個成功的心態——充滿自信，拒絕平庸，讓自己的生命聽從自己的指揮來運轉。一個自信的心態加上充足的準備，足以使你微笑著面對一切困難。

一個優秀的人才，他的自信力可以恒久不衰。如果我們本來是一塊金子，但是因為缺乏自信，認為自己是一粒沙子，就真的可能會變成一粒沙子。自甘平庸，是人生的一場巨大災難，更是人生的一種悲劇。誠然，在我們生命的長河中，生活總是會不停地製造出各種各樣的麻煩，對於這些不期而遇的麻煩，我們要努力地迎難而上，因為它只是個「紙老虎」，你弱它強，而你強的時候它就虛弱無比。

有信心的人精神可以比肉體高大無數倍，可以化平庸為偉大。

2｜要創造偉大，就不要怕失敗

賈伯斯曾說：「要創造偉大的東西，就要不懼失敗。如果你真的知道自己在做什麼、自己想要什麼，那麼哪怕一敗塗地也要放手一搏。」

每個人都渴望成功，但一旦成功的希望渺茫時，我們若就此放棄而不放手一搏，成功的可能性也就不復存在了。如果珍惜每一個希望，哪怕是最微小的希望，把它們都當作上天對你的眷顧，最後無論是取得成功或是遭遇失敗，你都會心存感激、輕鬆釋懷。

3｜投機取巧是跨越「普通生活」的大敵

從另一個角度而言，很多習慣了「普通生活」的人，恰恰是因為習慣了坐享其成，不願意付出與成功相對應的努力。他們希望到達巔峰，卻不願意拾級而上；他們渴望取得輝煌，卻不願意為之犧牲。

哲人曾說過，在古羅馬有兩座聖殿：一座是勤奮的聖殿，另一座是榮譽的聖殿。他們在安排座位時有一個秩序，就是必須經過前者，才能到達後者。其中的啟示就是：**要靠近榮譽，勤奮是必經之路**，試圖投機取巧繞過勤奮來獲取榮譽的人，總是會被擋在榮譽的大門之外。

有些人本來才華出眾，前途似錦，卻總是不願意付出努力，最後只能碌碌無為、荒廢一生。

4 一 既然害怕改變，就別再抱怨自己的平庸

日子一天天地過去。所謂的「普通生活」漸漸消磨掉你的熱情，很多以前讓你激動萬分的事情，很難再打動你；很多以前讓你鬥志昂揚的話語，卻不能再給你絲毫力量。你儼然已經變成了汽車上的某個零部件，只要按部就班做好自己分內的事即可，其他不需要，也不想過多考慮。

這真的是你想要的人生嗎？

在這個世界上，從來沒有任何一件事，是你不需要付出就可以輕易做到的。夢想，必須靠努力和汗水、勇氣和智慧去爭取。如果你只是躺在自己的舒適區，不想也害怕有所改變，就不要再感歎你不曾擁抱偉大的人生。

請聽聽自己內心真實的聲音，背對「普通生活」的方向，繼續前進。

02 你還沒有資格將就

你若是喜歡隨波逐流的將就，就要面對一成不變的腐朽，永無止境。出生於捷克斯洛伐克布爾諾，自一九七五年起，在法國定居的小說家米蘭·昆德拉在《不朽》中說過：「沒有一點瘋狂，生活就不值得過。聽從內心呼聲的引導吧！何必要把我們的一言一行都像塊餅似的放在理智的煎鍋上翻來覆去地煎呢？」

你年少時充盈的好奇心與美好憧憬，被歲月浸染、洗練之後，有沒有就此褪去生氣？

即便生活會帶走一些我們追逐夢想的熱度；即便一些無謂的東西會佔據我們的生命，但這都不是我們選擇將就的藉口！只有循著夢開始的方向，義無反顧地選擇你要走的路，披荊斬棘，乘風破浪，才不枉此生。

馬奎斯[6]在《迷宮裡的將軍》一書中這樣描繪南美解放者——玻利瓦爾。他英勇無畏地從殖民者的鋼槍鐵炮之下奪回至高無上的權力之後，卻不願將就他所鄙視的世俗做派，而是選擇建立他理想中的制度。又因為他的目標遠大到無人能夠理解，竟無一人追隨，最終形如枯槁地在自我流放中溘然長逝。但他是一位真正的猛士，敢於追求，敢於對將就說不！

當你選擇將就，之後就會一直將就

遺憾的是，在現實生活中，我看見過太多的「將就」。

現實中多數人的將就，來源於長輩和社會的壓力——長輩安常處順的觀念，社會「非我族類，其心必異」的風氣，即便我們能夠理解長輩的「為你好」和苦心，但是作為一個具備獨立精神的個體，我們不是任何人

6 拉丁美洲魔幻現實主義文學的代表人物，20世紀最有影響力的作家之一。

的附屬，應該有自己選擇生存方式的權利和自由。

看看我們的身邊，有多少人即使面對婚姻的種種不幸，還是會選擇默默堅忍和將就；又有多少人為人父母後，對犯了錯誤的孩子，不嚴加管教和正確引導，而是寵溺地選擇放縱和將就；還有多少人在人際交往中，三番五次地將就朋友的過失，直到有一天當你無法不拒絕將就朋友時，他們就會開始怠慢疏遠你。

婚姻不美滿，你將就了；孩子犯錯誤，你將就了；朋友的過失，你也將就，

那麼，在漫長將就的人生裡，你必定會迷失於無原則的妥協和得過且過之中，更會被困在彷徨的充實和虛妄的幸福牢籠之中。

然而，對於只有一次的人生，你願意事事都選擇將就嗎？

當你開始不將就，人生便不會辜負你

在世界民族之林裡，最不能容忍將就的就是德國人和日本人，他們對

產品的要求就是精密高端。

有一次我去日本，與日本友人閒談聊到了保溫杯的話題，翌日這位日本友人送了我一個保溫杯。後來我才知道，這個品牌的保溫杯已經有八十年以上的「行業精英」歷史。

瑞士的鐘錶工業同樣如此，工匠們可以專注於一件事情百年之久，但我們大多不信奉這些東西，快建快銷、價廉物美才是我們的追求。

無關乎收入，不將就的人對產品品質的追求甚至已經超過了功能。在一般人認為買把便宜的刀只要能切菜就可以的時候，不將就的人卻願意多花一點錢為刀的品質買單。另外，品質不能只用錢來衡量，比如草率的「只買貴的，不買對的」。

事實上，只有多數人對產品的品質不將就，對自己不將就，廠商才不會將就。

國外的百年老店，財富積累的同時會繼續精研自己的產品，追求使其達到極致。但是據我觀察，我們某些企業原本可以在某項領域做得更好，卻嫌賺錢太慢，於是一窩蜂地跑去搞房地產、搞電子商務。企業精神不在於其體量的大小，而在於追求產品品質的意志。一些國外的小店面，往往歷史都在百年以上，能夠代代傳承下來，就是源於不將就。

經營企業如此，人生亦如此。

在你追求更好的生活時，「不將就」的欲念會成為你勇往直前的充足動力，這種動力能夠鼓舞你更加努力和堅持，不輕言放棄，離夢想越來越近。

你也許會說，只要過得開心，我不在乎買地攤貨、吃平價菜、過最平凡的生活。

沒錯，如果你甘於平庸甚至能夠接受卑微地度過一生，而選擇忽視自己所有的能力和才華，也未嘗不可。但面對那些你從未企及過的事業高度、從未享受過的生活品質、從未領略過的各國風物，你是否會對自己的人生態度產生動搖？

為了自己，你為什麼不能對以後的人生不再將就呢？

何況，一旦你不將就人生的時候，人生也不會辜負你。

狀況等都毫無關係。

1 不將就，是一種負責的態度

說白了，不將就是一種對人生負責的態度，與你的年齡、職業或經濟狀況等都毫無關係。

演員陳道明先生在一次記者採訪中就表達了自己「不將就」的態度：

我覺得「不將就」應該就是認真，各行各業想要做成事，做出成績，都是認真的結果。但是在演員這行，認真有時候可能會出現另外一種解釋——矯情，因為你過度認真，對劇本、對環境、對服裝、對鏡頭過於認真就會很麻煩。因為電視劇或者電影是群體勞動，它有客觀的成本問題，因而我們經常會不得不放棄認真。我們做這行的，可能野心比較大，我們儘量努力。我想這也是一種「不將就」的態度吧！

行就是行，好就是好，可以就是可以，對人生負責就不能容忍為「將就」留一絲絲的餘地。並且作為一個態度認真、行事嚴謹、對自己的人生負責的人，永遠不會在他的字典裡出現「將就」這個詞語。

2 我寧可粉身碎骨，也不願蹉跎一世

目光與手掌不處在同一水平線上，做事情難免會出現眼高手低的情況。但即便失敗、遭人冷眼，也並不意味著你就該信馬由韁[7]、放任自流，在人生的追求上更不能妥協、將就。

要知道，人生的追求永不止步，沒有到達夢想終點的你還沒有資格將就。

擁有著平凡的靈魂，平庸的思想一輩子將就的人，是不配擁有偉大人生的。

相反，寂寞時耐得住，繁華時守得住，為了人生追求甘心奮不顧身、付出一切，忍受成功路上的孤獨與寂寞，才配得上擁有美妙的人生。堅忍時的蟄伏，經年如一日的努力，與流光的斤斤計較，最終一定會讓一線黎明噴薄出萬丈光芒，照亮人生的殿堂。

7 騎著馬無目的地閒逛。比喻隨便走走。

人生中，誰沒有或大或小的夢想？不要等到在人生將盡時發現，你不僅在「將就」中讓夢想與你擦肩而過，還在「將就」中把自己變成了曾經最討厭的模樣。

查爾斯·狄更斯說：「**我寧願無怨無悔地粉身碎骨，也不願平平安安地虛度一世。**」

人生苦短且來之不易，若是無為虛度，又怎對得起上天對你的恩賜。何不在本就渺小的個體生命中綻放出自己最絢麗的色彩？何必妄想去抓住自己從未努力卻想擁有的一切？何必虛偽地「扮演」甘於安貧樂道？

又何必，在擁有大好時光的年紀，在沒有挖掘無盡寶藏之前，愚蠢地將就著浪費自己的一生。

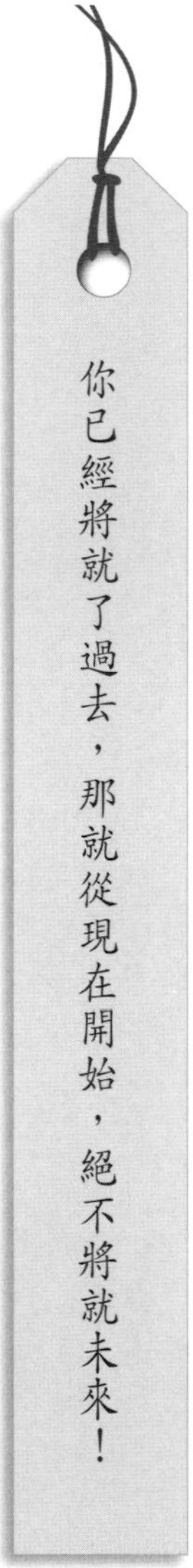

你已經將就了過去，那就從現在開始，絕不將就未來！

03

人生拐角處，你只有一次機會

如果可以回到過去或通向未來，那麼，你想成為一個怎樣的人？

如果可以……，如果下次……

很多人都會說：如果能回到過去，我就不會……如果能有來生，我一定會做……

而此生呢？

人之一生，說長不長，說短不短。

為什麼不先好好想想在這輩子的某個拐角處，你將做何選擇，如何把握住機會。

人生沒有回程票，一旦踏上這趟列車，旅途就此開始。

有人說，機會是上帝的別名。它是公平的，或多或少地都會來到每個人身邊。

區別就在於：有些人在苦苦等待機會，有些人在不斷創造機會；有些人茫然無知，有些人發現了；有些人抓不住，有些人抓住了。

人生不能倒帶，機會只有一次

人生如戲，卻不像電影那樣可以精彩重播。人生如歌，卻不像卡帶那樣可以隨時倒帶。

狙擊手這個頗具神秘感的職業，在戰場上需要像一部機器般絕對冷酷無情，令人膽寒，並且可以「精密」地一槍斃敵于百米之外。如果兩個狙擊手在戰場上遭遇，對雙方而言機會都只有一次，要麼摧毀對方，要麼被對方摧毀，沒有第二種選擇。

我們在現實生活中也會遇到類似的情況，有些機會對你來講可能一生也只有一次，一旦錯過就將遺憾終生，追悔莫及。比如，家門口舉辦的奧運會，如果你當時沒有親臨現場，有生之年可能也不會再恰逢其會了。同樣道理，在人的一生中，諸如愛情、家庭、事業、財富等方面，可能也只有唯一的絕佳機會出現在你面前，你把握住了，或許會受益一生，反之則可能永不復得。

然而，大多數人在年輕的時候，總覺得機會何其多，對身邊難得的機會懶得理會和努力爭取。但是機會真的會始終眷顧於你嗎？

時光一去永不回，即便以後你面臨同樣的機會，你的現實年齡和心智程度也不會隨著你的意志而發生變化，能否把握住再一次的機會不說，恐怕你已經喪失了去爭取和開拓的雄心壯志。

有些時候，機會只有一次。所以我們在人生的每個拐角，在做出選擇的一刻，都要

倍加謹慎。

1—人生，稍縱即逝

人的一生何其短暫，在時光的長河中就如同過眼雲煙，稍縱即逝。

人生不會倒流，並且每一天都在更新，遑論年與年之間的人生跨度，如果你用時光去殉葬平庸，那將是人生最大的悲哀。在奮鬥的年代損耗的時光，才不負人生這場生命的旅行。

不能倒流的人生，即使你用再多的財富也換不回來，但只要你腳踏實地活在追求夢想的路上，就能體現自己人生的最大價值。

2—選擇的同時也意味著放棄

人生中每一個拐角處的選擇往往只有一次機會，所以你選擇一條路的同時就意味著放棄其他的路，畢竟魚和熊掌不可兼得，如果你選擇繁華就要放棄清靜，如果你選擇充實就要放棄閒散。

選擇和放棄這兩個矛盾體像雙生兄弟一樣彼此如影隨形，選擇可以說是人生路上停泊過的港灣；而放棄則是人生路上其他靚麗的風景，只有顧全大局、簡單從容地放棄，才能獲得最想要的人生。

3 一旦失去便不可重來

有時一次機會就可以奠定一番霸業。然而，英勇如力拔山兮氣蓋世的西楚霸王項羽，也會因為沒有把握住鴻門宴這一關鍵的機會剷除勁敵劉邦，最終「一失足成千古恨」，飲恨烏江畔。對項羽而言，鴻門宴這次機會是萬萬不可失去的，一旦失去便不可重來。

生活中各種各樣的機會比比皆是，但有的機會在人的一生中卻只會幸運地出現一次，錯過即永遠失去，終生無緣複見。因此，當機會垂青于你時，你不僅要敏銳地察覺到，更要奮力一搏，千萬莫要辜負它。

人生拐角處，就是這樣狹窄，要麼朝左走，要麼朝右走。選擇了左，你就永遠不知道右邊有怎樣的風景和收穫；選擇了右，你就永遠不明白左邊的精彩和快樂。

無論向左走還是向右走，都要給自己一個無悔的人生！

04 止於三分鐘熱度的夢想，不叫夢想

什麼是三分鐘熱度？

我將它簡單理解為：

第一分鐘，你接觸了某個東西或某個事物，並對它產生了興趣；

第二分鐘，你下定決心準備去瞭解或學習它；

第三分鐘，你開始實踐內心的想法。

然後，就結束了……

心血來潮的開始，虎頭蛇尾的結束，沒有第四分鐘！

所以，三分鐘熱度等同於半途而廢。

仔細回想，你的人生中，是不是也有不少類似的「三分鐘熱度」？

三分鐘熱度是多數人的共性

人類會因為欲望的驅使產生追逐的動力，又會因為缺乏耐心而善變無常。

每當有新鮮事物出現在面前的時候，出於好奇人們都會產生一種很強的吸引力。你在面對這些新鮮事物的時候可能會想，這東西看上去好像挺好玩，還挺有趣的，學學看看。然後就開始了急不可待地三分鐘熱度之旅。

這種新鮮感催發的熱情，來得急走得也快，三分鐘一過，一旦意興闌珊，就會冷卻。比如有的人看見別人彈吉他覺得很有趣，於是自己也想嘗試學一學，但還沒抽出多少時間來認真學習，就把吉他忘到了一邊。時間久了，甚至連吉他被丟棄在哪個角落都不知道了，徒留層層斑駁和塵跡。

也有人偶然看到一本涉獵經濟學的書，大略翻一翻覺得挺感興趣。但在買了幾本專業的經濟學書之後，卻又無論如何看不下去了。畢竟專業的學術書籍艱澀難懂，是很難在無人指點的情況下一個人搞清楚的。於是這些書的命運，就是被束之高閣。

每當人們的三分鐘熱度出現的時候，罪惡感這種東西總會形影不離。而罪惡感會導致我們拷問自己的內心，言辭激烈地討伐自己為什麼又沒有堅持下來。最終也難免倒在罪惡感的淫威之下，垂頭喪氣的，像是一個犯錯的孩子般沉浸在深深的自責之中。

我們可以看看自己周圍的人，是否都或多或少受困於他們的三分鐘熱度。事實證明，三分鐘熱度是現實中大多數人的共性。

「三分鐘熱度」到底是個什麼？

在心理學上，「三分鐘熱度」被解釋為：一種即刻的滿足，缺少對長遠規劃的堅持付出的認識。

如果按照這個解釋來說，止於「三分鐘熱度」的夢想，不叫夢想。

人性中的好奇心驅使著我們對一件新事物產生熱情，但是，當我們真正開始著手做這件事的時候，最初的激情就會被釋放從而降低。當出現新的任務和刺激點時，我們就會變得心神不寧，放棄原來的興趣，投入到新的追求中去。

除了外界誘惑，個人內在的膽怯也是導致出現「三分鐘熱度」的重要原因。

很多時候，當我們被某件事吸引，激發出極大的熱情時，很容易低估完成它所要付出的努力。我們很容易把事情想像得很容易，很美好。但真正執行起來之後，才發現現實遠沒有那麼簡單。因為害怕在未來承受更大的挫折和失敗，選擇及時放棄，全身而退。

曾經有人做過這樣一個心理學實驗：

研究者將一百三十六名參與研究的人員分成三組：積極組、消極租、對比考慮組。每一組在解決問題的時候，需要以不同的心態應對：積極組成員，在面對問題的時候只從積極的方面來設想；消極組成員，在面對問題時只考慮現實的困難；對比考慮組成員，在面對問題時，既要抱有積極的設想，也要考慮現實的困難。同時，研究者分別瞭解了參與研究人員對達成目標的願望強烈程度。

實驗結果顯示，對比考慮組成員在形成計畫和執行計畫以求達成目標方面，要比其他兩組更有效率。而那些對達成目標的願望較高的人比達成目標的願望較低的人更有效率。尤其是那些對解決問題的願望較低的成員，較少會形成計畫，更難以履行計畫達成目標。

所以，要想戰勝我們心中「三分鐘熱度」並不是那麼容易，我們不僅要抱有積極向上的設想，同時還要認清現實，明白想像和現實的差別。

最重要的是，我們要始終抱有對達成夢想的願望，堅定不移地去努力。

與三分鐘熱度抗爭

的確，在現實生活中，能夠高度自律的人畢竟寥寥。

儘管如此，我們還是要與三分鐘熱度這個怪獸抗爭到底。

1—做自己喜歡的事情

有些事情是可以靠熱愛堅持下來的，所以，你的三分鐘熱度，也許是因為你還不夠熱愛。

或許我們可以通過各種各樣的方法去堅持，設定目標、分解目標、制訂計畫、獎懲結合，但終究不是出於最純粹的喜歡。這也是為什麼我們更想去做自己喜歡的事情。

2—在行動尚未開始前做出決定

避免「三分鐘熱度」夢想的最好辦法，就是在尚未開始行動之前，經過全面的考慮而做出決定。

在機會面前，做出任何一個決定都要冒著極大的風險，所以，你必須謹慎，不要糾纏於一個並不明確，或者不是那麼確定的夢想。

3—達成目標的三個條件

達成目標的三個條件是——積極的設想、消極的現實和極度的渴望。如果你沒有對夢想「非實現」不可的態度，不能全力以赴地去追求夢想，最後你可能什麼也得不到。所以，你必須確定自己的心意，做出你願意為之拼命、全力以赴的選擇。這才是真正的夢想。這也是你實現夢想非常關鍵的一步！

05

背負質疑和指責的冒險

美國現代成人教育之父，著名人際關係學大師戴爾．卡內基（Dale Carnegie）說過：「冒險一試！整個人生就是一場冒險，走得最遠的人通常是願意去做及勇於冒險的人。」

人生是一場絢麗而驚悚的冒險之旅

你可以在當下享受旅行的自由自在，望著天空劃過的流星許下願望，有無數種對未來美好的幻想，但可能在下一刻，現實生活真正的殘酷就會給你重重的一記當頭棒喝。

也許只需要一眨眼的瞬間，夢想與現實冰冷且赤裸裸的差距就會暴露在你的面前，讓你手足無措。

當你凡事想得過於完美，但又總是事與願違的時候，隨之而來的失落感才最為致命。

人生就像裝滿巧克力的罐子，你永遠不知道從中拿到的下一顆是什麼味道。而你也總是因為這樣，抱怨這個世界的冷漠無情。你會感慨，這個世界怎麼就如此不近人情，不允許我保留一點小小的幻想？為什麼要殘忍地打破我對生活美好的憧憬，非要我時刻凝神戒備，冰冷得像塊石頭？

有的時候你會被現實的壓力逼迫得難以呼吸，但還會心存一些美好的想像，可是一旦這僅存的美好想像被現實打擊得支離破碎後，能夠支撐你生活下去的恐怕就只剩純粹的物質追求了。

也許你從不相信現實真的會那麼殘酷，即使現實已經將你無數次傷害得遍體鱗傷，你還是選擇相信總有那麼一天，自己會有所不同，得到想要的人生。

然而，人生中的下一刻你永遠不知道會發生什麼，對下一刻的期待，也不過是出於你的意願。能否到達夢的彼岸，一切都是未知。因此，人生是一場華麗麗的冒險。

人生的樂趣也恰恰在於此，時刻做好冒險的準備，何況生活中難道不是處處暗藏風險嗎？

走路不留神還會摔倒，甚至會掉進沒井蓋的下水道裡；即便天氣好的時候，出遊、聚會也存在乘車風險；自己注意防火還會被鄰居家裡著火殃及池魚；連讀書也是件需要冒險的事情，因為看到爛書會讓人頭疼噁心……

人生無處不風險。然而，當你衝破這些風險的時候，另一邊的月亮都會顯得特別圓，所以對於人生中的每一種風險都會有人直面而上，借此去感悟人生的不同境界。

人生需要心甘情願地去冒險。精神上、物質上都一樣，古人云：「不入虎穴焉得虎子。」現代也有人說：「凡是令人心碎的事物，它必定曾美得讓人心醉。」

人生最大的冒險就是從來不曾去冒險

開懷大笑的人可能被看作傻瓜；淚濕衣襟的人可能會被視為懦弱；將

自己的夢想宣告於眾的人，可能遭受他人的嘲笑；愛一個人的時候，也要承受不被心上人所愛的風險。

只要你想成功，就要甘心去冒著失敗的風險行動。一旦有了目標，你會覺得這種冒險是值得的，人生中最大的冒險，其實就是沒有經歷過任何冒險。

不具備任何冒險經歷的人，就是什麼也沒有做過，什麼都不曾擁有。不去冒險，你或許可以規避痛苦和磨難，可是你的人生也將失去學習、感受、變化、成長等大好機會。

但冒險不是盲目的，失去了理智和智慧的冒險和傻瓜無異。

1｜敢於冒險和嘗試

我們生存在這個世上，各種事物都存在著無窮變數，現在無數的未知領域已經被人們的膽量與智慧開疆擴土，並且已經廣泛被人類所利用，成了為人類生存服務的工具。未來，同樣需要我們必須去冒險和嘗試，這也是人生與社會的要求和使命。

冒險和嘗試也是人生中必備的能力。魯迅說過：「世上本沒有路，走的人多了便成了路。」我們不勇於去為自己的人生當前鋒開路，你還能指望誰呢？

2｜創新和激勵冒險

日本的堀江謙一成功地駕駛著汽艇環繞了地球一周，航程累計達驚人的六萬千米，這就是一個典型的冒險例證。他先從夏威夷出發，途經了南極大陸，在通過北冰洋的時候，同圍困他的堅冰展開了殊死搏鬥。

在技術僅限於大帆船的航海時代，據說水手們只要將雙腳都搭在桌子上，嘴裡說著豪言壯語，好望角就會讓船隻平安地通過。然而現實中，堀江謙一和他的夫人衿子卻是經歷了生死的挑戰才闖過那吞噬無數生命的險關。在驚濤駭浪的茫茫大海中，衿子夫人甚至用繩索綁住自己的身體來完成拍攝。

堀江謙一並非因為成功地航行了遠達六萬千米，就「從天而降」成了有價值的人。事實上，即便堀江先生遭遇不幸或失敗，他同樣也是一個毋庸置疑的有價值的人。

成功雖然可以看作是一種目的，但對於冒險而言，成功並不是其中的全部目的。最重要的永遠是：無論事情的成功與失敗，都要具備敢於從頭至尾去奮鬥、去拼搏的精神。

當你勇於去冒險的時候，失敗變得不再可怕，可怕的是你被質疑打倒，就此放棄。

> 在質疑面前，任何衝動和意氣用事都是在舉雙手向質疑投降。唯有把質疑當成動力，冷靜思考，進而在不足之處加倍努力，才能將質疑踩在腳下，站上夢想的巔峰。

06

別讓糾結傷害了你的未來

生活中，我們常常會被自己內心的種種負面情緒，諸如糾結、焦慮、恐懼等所包圍，於是我們開始抱怨生活的不順、內心的糾結和幸福感為什麼越來越小。

糾結無處不在

在社會競爭越發激烈的今天，空氣中充斥著的混亂價值體系導致我們人人都爭破頭去追求那些虛浮的、表面的榮光和自由，但是由於生活節奏被推動得越來越快，不斷增加的壓力漸漸壓得人們越發力不從心，而無休止膨脹的欲望卻讓人們變得越來越迷茫，越來越糾結。

明明沒什麼可擔心的，卻總是杞人憂天！

明明知道後悔沒什麼用，卻總是耿耿於懷！

明明知道不該生氣，卻總是忍不住動怒！
明明知道不能強求，卻總是不甘心放手！
明明知道凡事都無法極盡完美，卻總是苛求自己要面面俱到！
人們即使已經儘量避免，但還是會一而再，再而三地被困在同一種左右為難的情境中無法自拔。

你面對選擇是否總是拖拖拉拉，非要等到最後一刻才能下定決心，但結果卻往往不盡如人意？

是否面對選擇總是依賴別人幫你拿主意，卻往往成就了別人？

是否面對選擇總是舉棋不定、猶豫不決、難以取捨，但又常常撿到芝麻丟了西瓜？

是否面對未來總是茫然無措，找不准該選擇哪個方向，而只能每天渾渾噩噩？

又是否面對選擇，最後總是得到你最不想要的結果……時間就是在種種不斷的糾結中悄然而逝。

糾結是一種人們在現實生活中十分普遍的心理現象，從任何角度來看，糾結都可以被認為是一種不健康且負面的心理狀態。糾結導致的消極心理甚至會嚴重影響人們的生活，人們在面對選擇時會因為糾結而猶豫不前、顧此失彼，心態也就此失衡。過度的糾結，會使人找不到生活的方向，更容易沉迷於不著邊際的幻想之中。

《孟子》中說：「魚，我所欲也；熊掌，亦我所欲也。二者不可得兼。」我們在人生的道路上也會不斷遭遇對「魚」與「熊掌」的兩難選擇。選擇之難，其實就在於捨不得，在於「皆我所欲」又不可兼得。

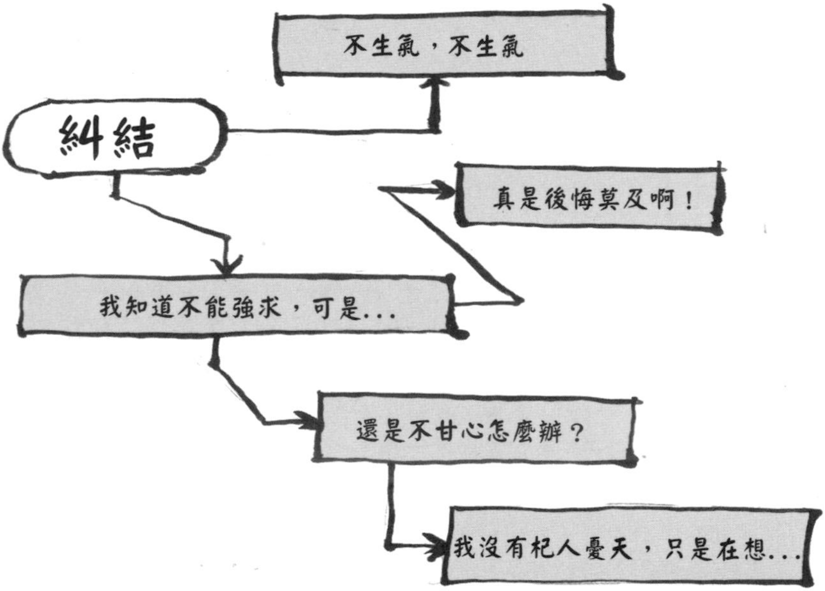
不生氣，不生氣
糾結
真是後悔莫及啊！
我知道不能強求，可是...
還是不甘心怎麼辦？
我沒有杞人憂天，只是在想...

如果你以積極的心態來面對選擇，那麼選擇的機會越多，對你而言成功的希望越大。但如果你是一個愛糾結的人，選擇無異於是一種痛苦和折磨，生活中無處不在的選擇會讓你感到絕望，諸如：學測後，糾結「填哪所大學」、「選擇何種科系」；工作前，糾結「我適合什麼樣的工作」；工作後，糾結「我該不該跳槽」；生活中，又糾結「今天中午吃什麼」、「出門該穿哪件衣服」等瑣碎的小事。這麼多讓人糾結的問題看上去彷彿都有其存在的理由。

糾結現在，是因為被未來「綁架」

你糾結現在往往是因為無法正視過去，對過去難以介懷並且充滿悔恨，但更多時候，是被未來「綁架」。

1—數不清的「夢想清單」

你是否經常問自己：「未來想做什麼？」

這個問題你一時未必能夠給出明確的答案，但是現實往往會逼迫你進行思考，然後會強塞給你一系列的偽夢想清單，比如「找一份收入穩定的工作」、「要在四十歲之前積累多少的財富」、「五年後要換多大的房子」等等，於是為了這些所謂的夢想，片刻不停地忙碌和奮鬥，卻忽視了你想要的生活和快樂。

2 生活難以寸進的原因

還有一種情況，你糾結于對未來的選擇，並不是因為有所期待，而是因為沉浸於恐懼。

對自身現狀的憂慮，會導致你在存有一絲幻想的情況下又不敢對未來抱有多大的憧憬。這種憂慮通常來自現實生活中讓你抱怨和不滿的地方，它會使你陷入對未來的恐懼，難以寸進。這種既渴望又恐懼的心理讓你不能盡情享受當下生活中的美好，也不能身心放鬆地期待未來美好事情的發生。

總是糾結於過往和當下的經歷，不但不能夠減少明天的負擔，還會失去當下的快樂和對外來的期待。即便未來有太多的不確定因素，也無須焦慮，更不必用當下的處境，來預測明天的結局。無論如何，焦頭爛額、自尋煩惱都不如無悔於當下、盡情展望未來更讓人暢快！

3 — 人生，有選擇就有糾結

糾結往往產生於做出選擇的過程之中，在人生不斷出現的需要取捨的狀況下，人們的共性就是趨利避害，反復地比較哪一種選擇更有利於自己，可一旦迷惘於多種選擇的不確定性，糾結便會揮之不去。

糾結這種情緒，只會讓你愈加痛苦！前塵往事，不必總是耿耿於懷、念念不忘，憧憬未來，也不要總是顧慮重重、胡思亂想。

最重要的是，生命的價值是在每一個當下鑄就的，無論過去與未來。

在沒有糾結的生活裡，你努力向前的腳步會越來越輕，生活向你敞開的窗子越來越多。只要你痛下決心邁出勇敢的第一步，並持之以恆地走下去，你早晚可以變成自己想成為的樣子。

面對未來，放下糾結，徹底改變！

07 說到底，你有多想要

在「說走就走的旅行」紅得發紫的時候，有人做了一次問卷調查：

全世界都在鼓吹來一場「說走就走的旅行」？

——99％的人，只是說說而已；只有1％的人，說走就走。

我已經在路上了？

——60％的人，剛剛起床瘋狂梳洗；只有40％的人真的在路上了。

說好了一起出去玩的小夥伴，要出發的時候在幹什麼？

——70％的人，我臨時有事情；還有30％的人，我生病啦，去不了啦！

我說我喜歡旅行的意思是什麼？

——40％的人是換個地方窩飯店；40％的人是換個地方自拍；還有20％的人是換個地方找美食。

在旅行大巴上幹什麼？

——99％的人在睡覺，只有1％的人在聽導遊講解。

我覺得我應該出去旅行了？

——90％的人，我就是這麼說說而已；只有10％的人，真的出去了。

原來，那場逢人便說、日思夜想的「說走就走的旅行」，真正實現起來，也不過是「說說而已」、「我臨時有事」以及「換個地方窩飯店」或者「換個地方自拍」。

旅行是這樣，夢想呢？

你在追求夢想還是滿足渴望？

你心中對夢想的渴望，到底有多強烈？

其實，對於大多數人來說，所謂的夢想、改變、迷茫，大都只是「說說而已」，內心並沒有那麼想要。

除了不想付出努力、害怕努力無果這些心理因素之外，還有一個重要的原因，就是缺少自製力，無法抵制安逸的誘惑。

如果你掛在嘴角的夢想，還沒開始行動就已經被各種理由擱下；如果你已經走在路上的夢想，還沒成功就已經被突來的誘惑終止。

是因為——你對夢想的渴望遠不如對其他「誘惑」的渴望！

如果你認為自己對夢想足夠渴望，那麼首先誠懇地問問自己：

你對這個夢想究竟有多想要？

你對它的渴望如同對呼吸的渴望那麼強烈嗎？

你願意為實現夢想放棄其他樂趣嗎？

你真的能夠日復一日地重複著同一件事，無論遇到怎樣的艱難險阻，決不放棄，直到成功的那一天嗎？

你真的能夠以近乎苛刻的姿態來約束自己，並不在意他人的質疑和眼光，甚至是嘲諷，準備好忍受孤獨，忍受一個人面對所有的困難和痛苦嗎？

如果答案是「否」。

對不起，請不要再說「我的夢想是……」，因為，你其實並沒有那麼想要。

心界決定世界，保持渴望之心

只有對夢想保持強烈的渴望，你才能有成功的機會。

《莊子》裡：「北海裡有一條魚，它的名字叫鯤。鯤非常巨大，身體不知道有幾千里長。鯤幻化成為鳥，叫作鵬。鵬的脊背，也不知道有幾千里長。當它振動翅膀奮起直飛的時候，翅膀就好像掛在天邊的雲彩。鵬往南方大海遷徙的時候，翅膀拍打水面，能激起三千里的浪濤，乘風可以扶搖直上九萬里的高空。然而，蟬和斑鳩譏笑鵬說：「我們想飛的時候就飛，碰到榆樹、檀樹就停在上邊休息，力氣不夠飛不到樹上，還可以落在地上，何必要飛到九萬里那麼高，又何必飛到那麼遙遠的南海呢？」

心中懷著遠大理想的人總是不能被常人所理解，就像「燕雀焉知鴻鵠之志」一般。

因而，追尋遠大理想是註定孤獨的旅行，途中總少不了質疑和嘲笑。

要成為大鵬就必須足夠堅強，這種堅強要深入骨髓，成為一種信念。而這種信念澆築而成的理想能夠讓人在心靈上脫胎換骨，最終成就偉大。

卡內基曾說：「欲望是開拓命運的力量，有了強烈的欲望，就容易成功。」

大多數成功都是努力帶來的必然結果，而努力基本都產生於強烈的欲望之下。比如強烈的財富欲望，就是追求財富的前提條件。如果你嚮往擁有財富，就要飽含對財富追求的欲望，並讓這種欲望充分地激勵你，推動你向著自己的目標堅持不懈地挺進。同理，大多數成功者都有一個共同的體會，那就是欲望是創造和擁有成功的源泉。

人類在二十世紀的重大發現之一，就是清晰認識到思想可以控制行動。

1 你怎樣思考，就會怎樣行動

如果你強烈渴望做成一件事，你就會調動自己的一切能量去促使這件事成功，使自己的一切感官行為與做這件事的欲望相吻合。

並且，你對於與做這件事的欲望相排斥的一切因素，都會竭盡全力去摒除或克服；對於有助於推動做這件事的因素，都會不遺餘力地去保護和扶植。

如此，經過長期不懈的努力，你便會成為一個成功者，使夢想成功的願望成真。相反的，如果你的願望不夠強烈，一旦遭遇挫折，便打退堂鼓，願望被壓抑下去之後永遠也不會被實現。

2 保持渴望，才能獲得成功

當你對實現夢想的渴望足以與對氧氣的需求相提並論的時候，你就能夠實現它。

比如你在水中憋住氣，堅持三十秒以上，不設上限，直到堅持不住為止。

躍出水面的一刻，你最想幹什麼？

是想玩你最喜歡的遊戲，還是想要去吃最愛吃的美食？

當然兩者都不可能，你最想做的就是大口地呼吸，讓氧氣充分地進入肺部，其他的與之相比都已經不再重要。

保持你的渴望之心，你的夢想必將離你更近一步。

08 別辜負曾經追夢的自己

你還記得年少時的夢嗎？那個夢如今是實現了，還是已經遠到看不清它的背影了？

你還記得是否真正靠近過在那個遙遠的年代曾許下的美麗夢想嗎？夢想就像從地平線上耀出的光芒。而你就是夸父，唯有努力地去追逐、追趕。

人生充盈著各種可能，不要滿足於只扮演一個角色。就算淺嘗輒止，也不能囿於一隅。

不要因為放棄夢想而辜負自己

夢想未必需要宏偉遠大，只要是你熱愛的，你想要追求的，都可以是夢想。夢想會一直在前方指引你，即使摸不著，卻看得到，縱然你與夢想在最後一刻失之交臂，也沒什麼可惜，因為追趕夢想的經歷，已經足夠你受用一生了。

古今中外，能夠最終成就夢想的人少之又少，更多的人會被夢想踩在腳下，被夢想辜負。但夢想可以辜負你，你卻不能放棄做夢而辜負自己。

人生如白駒過隙，轉瞬即逝，所以不滿現狀就要努力尋求突破，懷有夢想就要力爭去實現。

懶惰的人想法多行動少，心態偏頗的人抱怨多自省少，只有從自身的角度去尋找問題的根源，再逐一擊破，為人生煥發新的顏色，儲備多一些可能，不再原地被動地等待，你才能更快地成長。當你無時

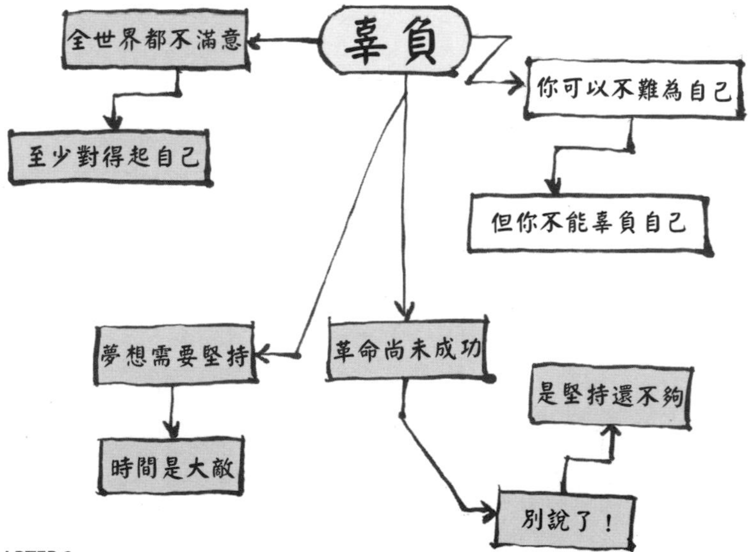

無刻不在勇於面對挑戰時，那些原本讓你恐懼的事情都將不值一提！

夢想會成就於堅持，而堅持又是一種需要不斷努力的態度，是你對細節的精益求精，對事物的不斷思考，是行動上的持之以恆，是忘我的身心投入，是無視別人的異樣眼光，是絕對的自信加行動力。懂得堅持的人即使功敗垂成，也不會淪為真正的失敗者，堅持並不是為了別人，只為不辜負曾經那個努力追夢的自己。

時間是夢想的大敵

提到夢想，總會或多或少觸碰到每個人內心深處曾經燃燒留下的餘燼。關於夢想，其實除了自己本身，時間也是夢想最大的敵人。

隨著時間的推移和綿延，加諸堅持上的困難會越來越大，而此時的另一種選擇——放棄，相對堅持而言卻顯得那麼不費吹灰之力。

大多數人的時間往往都在踟躕不前、猶猶豫豫中虛度了。然而，時間卻絕不會看在你還沒有做好準備的情分上而放慢它的腳步，對於那些永遠把想法停留在思想上的人，時間只會無情地碾壓過去，除了眼角增添的皺紋、頭上冒出的白髮，這些人的生活照舊一成不變。

那些在徘徊中放任時間流逝的人，甚至比果斷放棄堅持的人還要不堪。他們的想法總是迴圈地在意識裡打轉，未曾改變過。

1 — 夢想尚未實現，證明堅持還不夠

你的夢想一日沒有實現，就說明你的堅持還遠遠不夠。

生活中，總有一些人能夠堅持別人看似可笑的夢。

如果你堅持寫作，哪怕你的文章無人欣賞，或被同行冷嘲熱諷，只要你堅持創作，說不準什麼時候，它們就會成為撼動人心的力量；

如果你堅持繪畫，哪怕你的作品無人問津，或辛苦付之東流。只要你不放下手中的畫筆，那些畫中的情景，遲早會溫暖人們心中的夢。

在最想放棄的時候咬牙堅持一下，可能就會在轉角看到不同的風景。

2—別消磨意志，別辜負自己

斑駁流轉的時間會將一個人的意志水滴石穿，然後再將夢想化為泡影，了無痕跡。

置身于時間長河之中，我們在夢想出發前所做好的準備和計畫可能都會變得蒼白無力，時間更會拉大我們的夢想與現實之間的距離。

然而我們並不能因為時間的侵襲，就給自己一個消磨意志、辜負自己的理由。

不要忘記你曾經留下的夢想，也不要讓夢想只剩一句口號，即使時間過了，夢想也不該隨之破滅。

夢想從來不像我們想的那樣簡單，沒有一蹴而就的捷徑。

別讓時間辜負夢想，也別讓夢想辜負自己，更不要忘記曾經拼命追夢的自己。

3—艱難是為了更好的遇見

你可以想像自己坐在枯燥的辦公室，做著自己厭煩的職業，成了自己曾經最為不屑的那類人，活得了無生趣的場景；還可以想像你奔跑在追逐夢想的路上，即便遭受了無數人的白眼和輕視，承受了無數次的打擊，但最終高歌猛進、夢想成真的情景。

主觀上的意願好惡暫且不論，但有一點必然會被時間所證明，就是你最喜歡的自己，一定是在心裡默默說堅持永不放棄的你。你的自信、不知妥協、腳踏實地，專注於心，都會在走過艱難之後幫你塑造一個最美的自己。

不可能讓全世界都滿意，就先讓自己儘量滿意。

不可能完成所有的夢想，就先把眼前的做到最好。

不可能成為守護世界的超人，至少還可以做自己的夢想家。

你只要為自己的夢想放手一搏，別人都看得到你的光芒，因為有夢想的人心中光明常在。

09 去吧！趁一切還來得及

當我們手持夢想火炬的時候，釋放出最大的勇氣，展露最堅決的行動，穿過歲月層層的迷霧，就會讓生命綻放出別樣的光彩。

網路上有這樣一段話：

「十八歲讀大學，問你的理想是什麼，你說環遊世界；二十二歲讀完大學，你說找了工作以後再去；二十六歲工作穩定，你說買了房以後再說；三十歲有車有房，你說等結婚了再帶老婆一起去；三十五歲有了小孩，你說小孩大一點再去；四十歲孩子大了，你說養好了老人再去，最後，你哪兒也沒有去。」

現實中總是佈滿這樣那樣的問題，給予你未能實現夢想的種種藉口。當你一直以為是時間和現實的問題中斷了自己夢想實現的腳步時，卻唯獨沒有意識到是自己的行動力出現了問題。

然而，人們依然總是熱衷於談論夢想，寧願把夢想當作對死氣沉沉的生活的慰藉，也不去付諸行動。

夢想經不起等待，現在就馬上行動

每個人都有自己的夢想，但有多少人會真正為之付諸行動呢？

生活中太多人，總是為自己的未來設定這樣那樣的目標，並想像實現這些目標可能會遇到的困難，看上去深思熟慮，卻缺少行動的能力，到了最後終究是竹籃打水一場空。也有許多人明明懷揣著夢想在世上奔走，卻從來未曾認真地去努力嘗試實現夢想。

想要實現夢想，就必須為之付諸足夠的行動，持之以恆、堅持不懈。那些在各自領域中取得成功的人，從不會等待和拖延，更不會「明日複明日」，而是用行動時刻把握當下。

行動才是最強大的力量，它是夢想最高貴的表達。

二〇〇九年，一個北京的年輕人選擇通過「搭順風車」的方式去德國柏林看自己的女友，在完全依靠陌生人說明的情況下，他和夥伴一路借助

「順風車」，兜兜轉轉跋涉了1.6萬多公里、途經十三個國家，穿越了中國、中亞和歐洲，最終到達柏林見到了自己朝思暮想的女友。

後來針對這一事件還出過一本書，叫《搭車去柏林》。事件中的主人公谷岳說過這樣一句話：「**有些事，你現在不做，永遠也不會去做。**」

因此，也許你並不缺乏夢想，只是缺少將夢想奮鬥成真的行動力。而如果你總是去羨慕別人的壯舉，自己卻不行動起來，就只能一輩子活在羨慕別人以及和別人聊聊自己夢想的悲劇之中。

現實生活或多或少會束縛我們，但在這個世界上，並不是只有一種選擇，生活的決定權也可以完全掌控在自己手上，只是我們往往不去行動甘於被生活束縛而已。

1 — 獨立思考是行動的開始

行動力卓越的人根本不會被別人的意見所左右，因為他們每時每刻都在行動的路上，無論碰到何種問題，他們都能夠想辦法通過自己動手或主動尋求幫助來解決，而絕不會坐以待斃或把希望寄託在別人身上，等別人來為自己解決問題。

你要具備獨立思考的精神，多花點時間思考一下自己想要追求的是什麼，內心深處的夢想又是什麼。不要輕易被別人左右，人云亦云，別人說想環遊世界，你也這麼想；別人想跑全程馬拉松，你也要去跑；別人想當明星，你也要去當，但這都是別人的夢想，與你有什麼關係呢？

2—打破海市蜃樓般的幻想

夜色降下，當周圍的喧囂退去，你曾否認真思考過，有哪些事是你明知道不可為，或只需要稍稍做出改變就能夠使生活的現狀得到改善卻遲遲未做的。

你是否想過，從明天起就摒棄掉生活中的壞習慣，以積極樂觀的態度和健康的體魄去面對生活。若是想過，就應該立刻去付諸行動。不要再讓生命中那些錯誤和壞習慣束縛自己的手腳，拖延你向前邁進的步伐。

但通常我們總是缺乏去行動、去改變的自信和勇氣，總是喜歡沉浸在自己所編織的美妙人生當中，卻原地踏步不肯邁出實踐的第一步。事實上，無論多麼詳備精密的計畫，只要不經實施，都只會像海市蜃樓般虛無縹緲、毫無作用。所以，如果你的腦海中冒出一些想法，確定想要去做某件事情，就不要猶豫太多太久，立刻上路！

你能否取得成功，學過多少、想過多少、說過多少都不占主導地位，只有做過多少是決定性的。想法不落實到行動上是無濟於事的。

一切沒有真正付諸行動的夢想，都只能停留在「想」最初的階段。

這個世界不會因為你才華滿腹、胸懷夢想，就讓你輕易夢想成真；也不會因為你激情洋溢、敢想敢為就給你無數的機遇。

這個世界只看中那些為了夢想認真去幹、去拼的人，也只會賜予那些言出必行、腳踏實地、堅持到底的人幸運。

我們每個人都有一條只能向前走的路，叫作時光。

> 時光不老，夢想還在，一切都還來得及。

CHAPTER 3
第三章

彎下腰，
活出自己的實力

01 追夢的路上，靠的不只是一腔熱血

夢想需要你熾熱的一腔熱血，但絕不只是一腔熱血，更需要你無所畏懼，風雨兼程。

被傳得神乎其神的天賦，並不能決定你在一條路上可以走多遠，而是堅持並努力的實際行動。

你是不是徒有一腔熱血卻整天做白日夢

有人說，年輕人總是愛幻想尤其是剛剛走出校園襁褓，邁入社會的新人。

我見過不少處於「幻想」階段的年輕人，他們大多處在思想未斷奶的時期，對於第一份工作和未來充滿了種種幻想，甚至很多人在參加工作後依舊稚氣未脫。到了現實中，他們的幻想從未破滅，並想要通過幻想填充

或滿足自己暫時並不真實的欲望。

年輕人的這種心理，無論在其生活還是工作中，都會表現得淋漓盡致。尤其是完美主義幻想者，他們用事先選擇好的彩筆描繪人生藍圖，用設定好的顏色著色，先畫藍天，再畫院子，層次分明。

但幻想過度的結果是：現實一旦超出了預先頭腦中假定好的界限，就會覺得自己的作品是失敗的。

當然，人總是有新鮮感的，何況是處在青春幻想季中的年輕人。

新環境、新工作總會令人充滿幻想，於是很多人不可避免地患上了「幻想症」。

幻想沒有錯，恰到好處的幻想的確能為我們加油打氣，帶來更多激情，但還是要以務實為主，腳踏實地追求自己的夢想，在適當的時間做合適的事。

不能剛踏上夢的旅途，就給自己設定過高的標準，在沒有物質基礎的時候什麼都要吃好的、穿好的、玩好的，好高騖遠。

事實上，沒有二十幾歲的夢想家，只有跳出幻想的現實主義者，成功沒有一蹴而就，都是一點一點慢慢實現的。

一次去上海做培訓，我遇到了一位學員Tammy，二十出頭的年輕人。

他家庭條件優越，是重點名校畢業生，但處理問題的能力和抗壓能力都很差，剛參加工作，依然把自己當萬人朝聖的「掌中寶」對待，令同事敬而遠之。

以下是他與同事的對話：

Tammy：「西溪（Tammy的同事），和我一起做這個大項目吧？你要是不幫我，我肯定搞不定。」

西溪聽了一溜煙沒了蹤影。

Tammy：「Charles，咱們辦公室的印表機怎麼壞了，你去修一下吧！我有份文件要影印，我今天新換的白襯衫，可不想弄髒啊！」

忍了很久的Charles爆發了：「壞了找主管報修，我只是給人打工的，又不是被別人使喚的機器！」說著氣憤地奪門而出。

Tammy：「這次輪到我出差，你們誰去送我？」

眾人聽完各忙各的，低著頭無人應答。

不僅如此，Tammy上班不到半個月，遲到七次，有一次甚至和主管說話時差點吵起來。

在同事和老闆眼裡，Tammy雖然做事看似滿腔熱血，卻毫無行動力。剛來公司的幾天，因為不熟悉，有的同事還會幫他一兩次，時間久了，沒人再理他。

後來，據說Tammy的主管看不下去了，找到Tammy幾次談話無果，只好無奈地將他辭退。

每個人都有幻想的權利，但生活畢竟不是童話。

夢醒了，別忘了回到現實生活，多幾分腳踏實地。

與有「幻想症」的人相反，還有一種人是「腳踏實地型」，無所謂責備，沒有一句抱

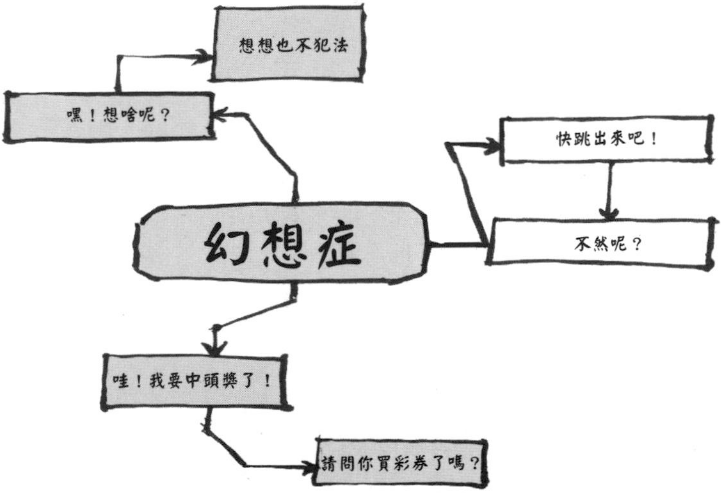

怨，踏踏實實地完成本分工作。

試想，這兩種類型的人，誰更容易走到最後？

1｜儘早跳出幻想，多把心思用在實際行動

在心理學上，過度的幻想其實是一種逃避現實的表現。

很多人對自己潛意識裡形成的觀念，很難做出改變。喜歡用「目前這份工作對我來說是最好的」、「這個職業是我最喜歡的」、「我是這個公司裡最優秀的新晉員工」、「同事和主管都很喜歡我」等掩蓋事實的幻境來自我麻痺。

好比自己在逛街時一衝動買了一件昂貴的衣服，安慰自己「好不容易正好買到了我最喜歡、最需要的衣服」。

幻想猶如咒語一樣安慰著脫離現實的心靈，長此以往就會導致自我要求過高，超出力所能及的範圍，目標、理想不切實際，儘管如此還沉迷其中，做著不切實際的夢。這樣的情形對於年輕人而言是非常可怕的，因為這意味著你從邁出第一步時就走在了雲端，說不定什麼時候就墜落至地，

摔得慘痛。

所以，在追夢的路上，我們更應該多把心思花在實際行動中，解決實際問題，遠離不現實的幻想。

記住，若想在任何專業領域獲得成功，你都要耗費比平時多千萬倍以上的精力，走一段誰也無法替你走過的坎坷之路，才會迎來豔陽高照的出頭天。

2—追夢需要熱血，更需要風雨兼程

事實上，夢想需要你絕對熾熱的一腔熱血，但更需要你無畏無懼的風雨兼程。

在現實生活中，總有一些人表面上給人一種頭腦發熱、一時衝動的感覺，實際上你只是沒有看到他們真正的實力。因為有實力，他們的滿腔熱血才顯得那麼具有說服力，自信也來得更加有道理。

當然更少不了認為僅僅依靠一腔的熱血就能夠取得最終成功的人，這些人多是被青春和夢想打了雞血，心中有一股莫名的躁動，總想著在追夢的道路上拼上一拼，可結果總是不盡如人意。

3｜夢再美，醒來也別忘記去奮鬥

當夢的彼岸還不著邊際時，一切還是得要從小目標做起。積沙成塔、集腋成裘的道理每個人都懂，很多人卻不願意收起幻想，只是一味地做白日夢。當你身處逆境，面對險灘，徘徊在交叉路口，不如先放下重重的包袱，冷靜下來，坦然面對，每天給自己設置一個小小的夢想（或目標），作為前進的方向和動力，暫時忘掉遺憾和痛苦，為之努力奮鬥。

追求自己的夢想少不了熱血與激情，但是僅僅依靠這些還是不夠的。現實的殘酷告訴我們，夢想更需要實力的加持。

在你的人生當中可能會遇到各種各樣的困難，解決這些難題需要的就是我們自身的綜合實力。熱血只是促使你前進的一股動力，而真正能夠讓你的夢想燃燒起來的還是自己的實力。

夢想再美好，也別忘了醒來之時繼續努力奮鬥。

02 沒有實力，拿什麼撐起你的夢想

著名作家蘇芩說：

別那麼多懷才不遇的抱怨，那說明你的能力還撐不起野心！

多少好苗子都敗在了眼高手低。

別老羨慕人家有我行我素的資格，咱得先像傻子一樣苦幹，才能像瘋子一樣任性！

人的深層次痛苦，來自野心與能力的不匹配；當你希望改變些什麼的時候，這將會是你一切焦慮的源頭。

當你的實力撐不起夢想時

一個人想要在夢想之路上走得更遠，必須要有能靠得住的東西。

金錢？權勢？都不是。金錢有可能中途被偷，權勢有可能被剝奪，唯有實力才是最實用、最長久、最靠得住的東西，因為它永遠不會被「偷」走。

然而……

當你的實力支撐不起你的夢想時，你就不該天天熬夜只為追劇；

當你的實力支撐不起你的夢想時，你就不該飲食不正使腸胃出問題；

當你的實力支撐不起你的夢想時，你就不該不滿足現狀幻想奇跡；

當你的實力支撐不起你的夢想時，你就不該為了小虛榮出頭；

當你的實力支撐不起你的夢想時，你就不該用欲望填補不作為；

當你的實力支撐不起你的夢想時，你就該慶倖年輕的你還擁有時間；

當你的實力支撐不起你的夢想時，你就該感謝自己還擁有野心；

當你的實力支撐不起你的夢想時，你就該靜下心來好好學習……

上蒼是公平的，每個人的IQ水準不同，但總有某一樣是你擅長的，只是大多數時候，連你自己也沒發現那是什麼。

著名畫家陳丹青說：「一個人倘若有實力，那麼，他一定在二十幾歲時就綻放了。」

法國著名美女作家佛蘭西絲・莎崗（Francoise Sagan）在十七歲那年就寫出了在五年內被譯成二十二種語言、全球銷量高達五百萬冊的著作《日安憂鬱》，文字經驗老到，表達流暢自然——這就是她的實力。

實力，可以理解為一種天賦，也可後天培養，可以肯定的是，有一天你的身外之物全部被掏空，實力、技能是永遠不會被「偷」走的。

朋友Vicki是某知名大學博士，畢業後如願以償當上了一名幼師，漸漸發現大學期間學習的理論並沒有讓她在與小朋友相處的過程中嘗到甜頭。

在學生時代時，Vicki就表現出很多同

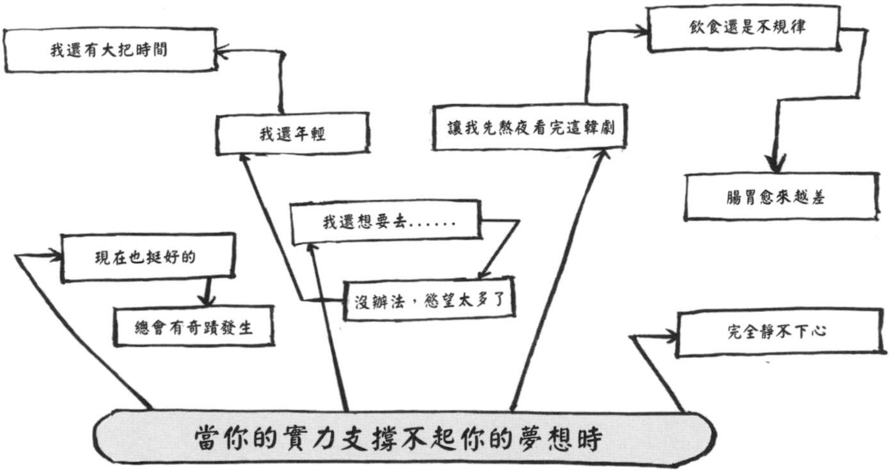

齡人無法企及的藝術天賦。在她上小學時，父親讓她選擇學習一門技藝，她選擇了鋼琴，或許是她在這方面真的很有天賦，不到一年時間，她的水準就超越了所有同齡人，令教她的老師都十分佩服。

等到Vicki上國中，已經有知名學校願意破格錄取，並承諾給Vicki提供更好的進修環境。

再後來，Vicki讀到了博士。如此優越的條件，讓剛滿二十二歲的Vicki順利成為某國際教育機構的音樂幼師，遂了自己多年來的心願。

幾節課下來，Vicki發現，幼師和普通的教師有很大區別，課堂上需要和小朋友們不斷地互動，不然一節課連她自己都會覺得沒意思，這令性格內向、不善於表達的Vicki傷透了腦筋。

她想起在讀書時學習過很多相關理論課程，於是回到家耐心研讀，並按照書本中的理論指導付諸實踐，可惜，她又發現學習的那些理論並不適合教育小朋友，何況孩子的思維是不能用常理去推論的。

有天，院長帶著幾個慕名而來的家長走進Vicki的課堂聽課，下課後，家長們卻面露難色，表示對Vicki的專業水準沒有疑問，但其講課方式、與小朋友交流的技巧處理上讓人失望透頂。

第二天，沒等院長開口，Vicki就主動辭職了。

工作沒多久，就遠離了曾經的夢想，對於一個年輕人而言的確遺憾。一個人在學生時代成績再好，學位再高，也不代表今後的實力強。彈琴出色是一種實力，而與人交流也是一種實力，但在逐夢的路上，主要看你的實力能否適應它的需要。

在我看來，Vicki大可不必急著離開，在校園裡學到的東西或天生的實力，在追夢的路上不中用是常態。Vicki要做的是把具備的和應該學到的實力一切打亂重排，並通過後天努力，充實自己。

實力，不管你是先天擁有，還是通過後天努力獲得，從今以後，它都不會被「偷」走，實力在追夢的道路上更多地體現為「一技之長」，擁有它，往往讓你比金錢傍身更有安全感。

在追求夢想的路上，大多數的年輕人總是一副激情澎湃、信心滿滿的樣子，想著在自己的人生中濃墨重彩地畫上一筆。但是，這其中不乏一些實力不足、虛張聲勢的人，這些人對於自己的夢想有著自己的執著與追求，但是最終無法實現自己的夢想主要的根源還是在於實力不足。

在我們追求夢想的路上，經常會出現一些充滿迷惑性的所謂的「捷徑」，這些捷徑為你提供了一條全新的追夢之路。這條追夢之路的「潛規則」就是我們不需要花費太多的精力，也不需要具備超強的實力，輕輕鬆松就能夠取得成功。

如果，你相信有這樣的捷徑，我只想問一句：「**沒有實力，拿什麼撐夢想？**」

快醒醒吧！等著天上掉餡餅的人們，夢想從來都是靠實力打拼出來的。沒有實力，夢想也將不再是夢想，而是一個永遠都無法實現的傳說。

現實是殘酷的，競爭是激烈的，在這個用事實來說話的年代，你的實力才是支撐夢想一步步實現的最佳伴侶。

夢想，不是浮躁，而是沉澱和積累，機會永遠是留給最渴望的那個人，沒有等出來的輝煌，只有拼出來的美麗。

因此，當你的實力還撐不起你的野心的時候，你就應該靜下心來學習；當你的實力還駕馭不了你的夢想時，就應該自我沉澱。

在追求夢想的路上，不要感歎世間炎涼，你能依靠的只有自己。

你已經沒有太多的時間為自己的懶惰與消極找理由，我們需要的是彎下腰，真真正正提升自己的實力。

學會與內心深處的你對話，問問自己，你的實力是否撐得起你的夢想。答案若是否定的，請立刻自己進行提升與「充電」！

1｜實力不是與生俱來，而需要自我培養

世界上不乏有實力之人，但實力有一小部分天生的，剩下的部分通常都是受家庭環境、學校環境和個人喜好等因素後天培養，例如，小時候父母經常帶你看書畫藝術展覽，長大後的你很可能書法不錯，懂得審美。相對來說，後天的技能培養更重要。

雖說活到老學到老，什麼時候學習都不晚，但學習新事物的最佳時段永遠是你年輕時，精力充沛，記憶力好，不要等到記性差、體弱多病的「高齡」時期，才想起來學很難再駕馭的東西。

很多年輕人到了參加工作的年齡就開始抱怨自己沒有實力，一技之長

都沒有，於是什麼都想學，每樣都三分鐘熱度學了幾天，這樣的學習只能算皮毛，不足以令你從中獲得實力。

2—要學的好，要先有興趣

人面對自己感興趣的事物總會不由自主全身心投入，而做自己駕輕就熟擅長的事情則能增強自信心，從中獲得更多快樂——實力大抵都滿足這兩個特點。

很多人不是沒有實力，只是還沒發現自己的興趣所在。

如果你已經從象牙塔裡走出來，踏上了一段追夢的歲月，就會發現人外有人天外有天，你開始不適應相比之下有些笨拙的自己，但沒有這個必要！

追夢者最大的錯誤在於還沒有聽到比賽的槍聲就退出了比賽，自暴自棄。

不要覺得自己是一隻「笨鳥」，沒有取得過偉大的成就，技不如人。

要知道，每個人都有自己獨特的實力，不要太相信自己眼睛看到的表像，或許一個擁有出色實力的人的背後，是無數個默默奮鬥的淒涼夜晚。

3｜好高騖遠者終走向死胡同

好高騖遠的人思想力是異常強大的，因為他們敢於在思維上突破自我，不受禁錮，天馬行空地進行思考。但是回歸實際，所有沒有真才實學的好高騖遠者最後都會走向死胡同。

由此可見，好高騖遠而沒有真才實學不足以成事，有真才實學卻沒有思想力的人最後只會走向平庸。朋友一句話講得恰到好處，他說：「當你的才能不足以支撐你的野心的時候，你是不是應該停下來反思一下是否需要學習新知識來彌補自己的不足了？」

沒有實力，拿什麼撐夢想？你考慮過這個問題嗎？

我們的夢想需要我們一步步強化自身的技能，壯大自身的實力。沒有實力，夢想很難被支撐。

想要提升實力，可以從以下方面著手準備：

a 儘早獨立。

在你尚未獨自踏上追夢旅途的時候，在父母眼中大多還是個孩子，尤其在家庭的保護傘下成長起來的七、八年級生，往往被保護得太好，無論在生活還是精神上都沒有真正獨立。所以，實力提升不是靠別人，凡事少依賴父母，遇事自己解決，如果與父母同住，生活上被照料太多，就更應該讓自己在精神上獨立起來。

b堅守靈魂。

很多年輕人真正踏入追夢旅途後發現，有太多和想像相悖的事情，江湖險惡，涉世尚淺，一不留心就可能栽跟頭。想要保持簡單生活不是件容易的事，為此，你要做好準備堅守住純粹的夢想，唯有如此，在未來的岔路口，你才知道什麼需要堅持，什麼可以放棄。

c謹慎思考。

夢想前面的每一步都有可能是暗礁，必須謹慎思考加以判斷，一步錯步步錯。

尤其是缺乏閱歷和經驗的你，想事情、看問題比較單純。因此，實現夢想前，哪怕是最簡單的瑣事，也要謹言慎行，多加思考後再去做才更安全。

d平靜面對。

夢想的道路必定不會所有事都按照你計畫中那樣進行得十分順利。就算追夢第一天就備受打擊也不足為奇。在這個階段，擁有強大的內心力量，平靜面對發生的一切能讓你在困境中氣定神閑，遊刃有餘地解決問題。

4—你不是方向不對，而是沒有力量

有很多人在追夢的路上，總是時常抱怨迷茫、沒有方向，抱怨老天沒有給自己一條康莊大道，反而讓自己在原地兜圈圈，但實際上，無論是生活還是夢想，我們的懶惰與懈怠並不是因為沒有方向，而是因為沒有足夠的力量讓自己沿著這個方向大步向前。

每個人在最初構建自己夢想的時候，對於夢想的方向都是十分清晰的，只不過在追求夢想的過程中可能會被各種各樣的困難打擊得喪失了鬥志。

有人覺得自己迷失了前進的方向，可是夢想從來都在那裡，它不曾離開，也不曾變動，真正阻礙我們實現夢想的是我們薄弱的力量。

要想抵達夢想的彼岸，就必須讓自己更加強大，遵循著心中最初的方向，才能夠實現自己的夢想。

你若有強大的實力，就去追求更大的夢想；如果你的能力有限，實力撐不起你的夢想，那就靜下來，紮進踏實的土壤中，汲取營養。

即便不能成為獵豹，也努力成為一隻高貴優雅的麋鹿，起碼人見人愛。

03 盡力，是成功者唯一的答案

盡力去做是對自身潛能的最大挖掘，是在追夢途中必要之時進行自救的技術。能處處以盡力去做的態度做事，即使夢想之路步履艱辛也能散發個人的光彩。

追夢路上，會有許多的機會和困難，對此，你是應付了事還是盡力而為呢？

在為夢想奮鬥的路上，你只有盡力去做每件事情，才能有一個好結果。

盡力去做是任何一個成功者所必備的素質；是一種態度，一種不計報酬、不畏艱難、不找任何藉口、傾其全力去完成任務的態度；是一種積極主動、永遠奮力向前的精神。

夢想的途中，經常會出現山窮水盡的情況，無論是否盡力去做，都會出現成功與不成功兩種結果，但這兩種結果體現出的是對人生截然不同的態度：

應付了事是一句託辭，是對自身解決問題態度的一種主觀原諒；而盡力去做則是對自身潛能的最大挖掘，是對一個問題的負責。

二十世紀著名的美國作家海明威曾經說過：「一個人只要盡力去做一件事，不論結果如何，他都是成功者，相反，一個人如果沒有盡力去做，即使得了第一，又能問心無愧嗎？」

所以，既然選擇了追夢，就不要過多地在意結果，而要注重過程。

你想要什麼，只要盡力去做，總會有人為你喝彩。

當你盡力去做時，夢想才會發出耀眼的光

有的時候夢想很遠，有的時候夢想很近。

如果你今天不走快一點，也許明天就要用跑的了，後天也許就沒有了方向。

當你不確定夢想會不會實現之時，努力向前奔跑就是了。

不要後退，不要猶豫，你需要足夠勇敢。

時刻問問自己，你是不是已經為了夢想而盡力去做了？

前幾天，收到一封遠方友人Peter（他也是我的讀者之一，經常有信件往來）發來的e-mail，向我訴說他的近況：

好久不見，很想跟你這位心靈導師說點什麼。

那天我看朋友發了個朋友圈狀態說：找不到我喜歡的傘，我寧願淋雨。一定要跟自己喜歡的人一起去馬爾地夫，如果跟自己不喜歡的人一起去，再美的風景也是徒勞。我默念著這個狀態，腦袋裡冒出來的字卻是：××就是矯情。

但一瞬間我猛然清醒過來。

前幾天重新看了《少林足球》，打開豆瓣看到它的評分是刺眼的6.8，不知道為什麼想起來的是《喜劇之王》裡那句：「我是一個演員，那個不

肯放棄的小人物奮鬥史。我算不上一個很優秀的人，只是一個小人物，在自己的青春裡扮演著每天重複的生活。」《少林足球》裡同樣是小人物的周星馳說：「做人如果沒夢想，跟鹹魚有什麼分別！」

客觀說，我只是不想在只有一次的人生裡留下後悔，畢竟不像是用光碟機，你沒辦法暫停，也沒辦法快進倒退，更沒辦法重來一遍。

如你之前所說，人生沒有回頭路。

可是那天我對於別人的倔強和堅持卻下意識地反應出「矯情」的時候，我是不是應該好好地重新審視自己呢？

我似乎總是在等，把夢想留在將來。看到別人旅行的照片對自己說等到空了就去，每次買了一本書翻幾頁想等到以後有空的時候再看，看別人彈鋼琴的視頻對自己說下次再練，然後就沒有然後了……

我突然想起來自己之前寫的部落格文章：「你要去相信沒有到不了的明天，我相信那麼多事情，我堅信我將來可以去自己想去的地方，聽自己想聽的演唱會，將來可以跟某人面對面訴說我對他的崇拜。這到底是我對未來的樂觀，還是對於夢想的逃避？」

前兩天心裡鬱悶透了，因為發現一個許久沒有聯繫的老同學在背後捅刀子，突然回過頭看看，好像失去了很多人。

放在一個時間刻度裡，四年能有多長，似乎沒有十年來得那麼刻骨銘心，卻也足以讓一個人的生活發生天翻地覆的變化。

在這麼一個不長不短的時間裡，到底是經歷了一些什麼呢？四年前踏上離開上海的飛機的時候，反覆告訴自己這是我自己決定的路，無論如何都不能放棄，你有你的夢你有你的路，拼了命也要走下去，大概正是應了那句話吧：既然選擇了追夢，就免不了一場顛沛流離。

其實仔細想想，為什麼我們要從一個城市奔向另一個城市，從一個國家去往另一個國家？沒有人逼你為了投遞一張簡歷四處奔波，沒有人逼你天天早起背單詞背到頭痛，沒有人逼你拖著行李離開自己的故鄉。

我之所以會站在這個地方，是因為當初自己的決定，可是為什麼我居然忘記我站在這裡的原因了？

那個時候你對我說，可惜我們的故鄉，放不下我們的夢想。

以前我總覺得自己心智還算成熟，之後發現那只是害怕導致的患得患失，後來我又覺得自己生活得太過庸碌，但又發現那只是一種妄自菲薄的病態。

在年輕的時候，總是會被一些莫名其妙的情緒充斥著，莫名地覺得孤單、難過，甚至覺得被整個世界遺棄了。

如果哪天末日真的來了，仔細想想，我想我會很不甘心，那麼多想做的事情沒有做，還有那麼多地方沒有去，甚至於會不甘於想熱烈地愛一場這樣的想法也沒有達成，我不可以就這樣死了。然後我突然覺得，似乎自己已經死了，為什麼我要在我二十歲的時候用四十歲的心態過日子？

後來我才明白為什麼我們會那麼義無反顧，才明白為什麼總是遭受打擊的我們還能找到自己的信仰，然後繼續向前走。因為我們都想要這個世界有一點改變，可能變得更好、變得更不冷漠、變得更熱情、變得更正義。因為我們想要我們的生活豐富多彩，因為我們不甘心，我們想要自己的青春不那麼無趣，因為我們想要在現在做一些將來不會後悔的事情，因為不是每一次醒來都是一場夢，我們擁有的只有現在。

又一遍地看了自己之前的部落格，以及那些只有好友和自己可見的日誌裡，有過失落想要放棄的那些句子，有過想要妥協挫敗的自己，或許我一直都是鑽牛角尖自以為是地不想要放棄，或許我就是一個矯情沒有天分沒有能力的自己，或許我到頭來也沒有那種天亮就出發的果敢和勇氣⋯⋯

好了，先不說了，我要躺下好好想想了。

有機會想再聽一次你的課，晚安！

字裡行間能感覺到，其實Peter是一個很積極的人，即便挫敗了也還想要繼續向前。只不過，他應該再多一分盡力而為的勇氣。

也許是失敗多了，所以變得不再敢於嘗試；也許有些路可以讓你風光無限；也許有些路好走是條捷徑；也許有些路安穩又有後路。

但是記住，那些路的主角，未必是你，即便是你，那些路也未必是自己想要的。

如果你確定了自己想要什麼，與其遲疑、自我否定，不如盡力去做。

1—我們往往忽視了別人背後的努力

仔細看看身邊的人，總有一些人堅定地在向前走著，他們成為閃閃發光的存在——我們總覺得他們就像是神一樣的存在，可是我們卻不知道他們到底用了多少次「盡力而為」的嘗試，才換來了這樣的一個他們想要的人生。

沒錯，你若想變成那樣的人，前提是你要知道你要付出多少努力。

儘管如此，我們卻還是繼續向前走著。有的時候傷害和失敗不見得是一件壞事，它會讓你變得更好，孤單和失落亦是如此。

每件事到最後一定會變成一件好事，只要你能夠走到最後。

2—夢想可以很遠，也可以很近

有的時候夢想很遠，有的時候夢想又很近，但它總會實現。

在別人肆意說你的時候，問自己，怕不怕，輸不輸得起。不要猶豫，不要怕，不要後退，難過的時候就一個人去看看來時的路。

你需要足夠勇敢，問自己，你是不是已經為了夢想而盡力去做了。

成功的一切成果都是建立在盡力去做的基礎上，不要小看一些小事，它往往成為決定成敗的關鍵。

所以，不管你此刻在做什麼，都應該抱著「既然做了就一定要盡力去做」的態度，無論做什麼都懷著必勝的信念盡力去做，它將引領你進入成功的殿堂。

3—凡是盡力去做的，都成為贏家

征服珠穆朗瑪峰的登山者說：「我要盡力做到這件事。」可見，那些有成就的人，凡事一定先下定了追求成功的決心。

凡事盡力而為是不夠的，尤其是現在這個競爭激烈的年代，尤其是趁你還年輕的時候，必須盡力去做才行，如此才有可能得到希望的結果。

記得幾年前一支世界探險隊準備攀登馬特峰[8]的北峰，在此之前從來沒有人到達過那裡。

記者對這些來自世界各地的探險者進行了採訪。

8 阿爾卑斯山脈中最著名的山峰。

記者問其中的一名探險者：「你打算登上馬特峰的北峰嗎？」

他回答說：「我量力而行。」

記者又問另一名探險者：「你打算登上馬特峰的北峰嗎？」

這名探險者答道：「我會具體問題具體分析。」

記者最後問了第三個探險者同樣的問題。他說：「我將盡力去做。」

結果，只有一個人登上了北峰，就是那個說「我將盡力去做」的美國青年。

他盡力去做，結果他的確做到了。

要想獲得成功，僅僅量力而行還不夠，還必須盡力去做，成功總偏愛那些盡力去做的人。

當我們盡力去做時，不管結果如何，都是贏了。因為盡力去做所帶來的個人滿足，使我們都成為贏家。

有一句話說得好：「如果付出的比回報的多，最終得到的會比付出的多。」

如果不懂得盡力去做，那麼「見證奇跡的時刻」恐怕永遠不會發生在你頭上。

04

成為比夢想還要高的人

孟子曾說：「故天將降大任於斯人也，必先苦其心志，勞其筋骨，餓其體膚，空乏其身，行拂亂其所為，所以動心忍性，增益其所不能。」短短幾句，道出了磨礪對於成功的重要作用。在孟子看來，一個人只有經歷磨難，才能擔當重任。同樣，一個人想要獲得成功，也必須不斷經歷磨難。

在每個人追求夢想的過程中，都有可能遇到各種難題，有些甚至是我們無法想像和無法面對的。但是只要你的人生有明確的前進方向，只要你能夠突破現實和困境的束縛，淩駕於所有挑戰之上，你就能成為一個比夢想還要高的人。

想辦法在惡劣的環境中存活

在管理學上，有一種專門針對剛參加工作者的管理方法，被稱為蘑菇定律。

剛參加工作的人可能都會有這樣的經歷，被安排在不重要的部門，做一些不重要的工作，得不到主管的指導和提拔不說，還經常會受到委屈和無端指責，好像蘑菇一樣，生長在潮濕陰暗的環境中，看不到陽光。

這個定律是二十世紀七〇年代一批年輕的電腦程式師發現的。

它的含義是：陰暗環境中成長的蘑菇，因為得不到陽光，得不到肥料，常面臨著自生自滅的狀況，只有長到足夠高、足夠壯的時候，才被人們關注。當時，電腦行業不像現在這樣發達，沒有得到足夠的重視，因此，這批年輕人鼓勵自己：要像蘑菇一樣生活。

要像蘑菇一樣成長喔！
加油！
努力生長！
我沒問題的！
算了！
不可能！
我不行的！

雖然暫時處在默默無聞的境地裡，但只要始終向上，堅持不懈，就能像蘑菇一樣，最終受到重視，獲得鮮花和掌聲。

一個人剛踏上夢想之旅的時候，所遭受的磨煉似乎遙遙無期，充滿了痛苦，但這段經歷又是特別有必要的。經過這個階段的磨煉，我們就能熟練地掌控大局，漸漸提高自己的能力，慢慢培養出敢於面對失敗的勇氣和意志。這樣會讓前行的道路愈加順暢。

磨礪是人生中難得的財富，幾乎所有人在成長過程中，都會經歷一些苦難和荊棘。倘若你被苦難、荊棘擊倒了，那就不得不忍受日復一日的平庸生活；而如果能夠屢敗屢戰，接受挫折的磨礪和挑戰，則終能戰勝苦難，突出失敗的重圍，最終擁抱卓越。

因此，倘若你的人生處在這樣一個看不到光明和希望的階段，一定不要氣餒，要將之當作前行道路上的必經階段，儘快汲取經驗教訓，成長起來。

事實上，即使是有豐功偉績的人，都承認過自己曾經有過失敗，而正因為有過多次的失敗，才會得到更多的教訓；經過多次教訓後，才能夠成熟起來。

如果不肯承認失敗，就永遠不會進步，要是在失敗面前抱怨外界的種種，就只會使自己一再地處在失敗和不幸的旋渦之中。

不管做什麼事，只要放棄了，就喪失了成功的機會；不放棄就會一直擁有成功的希望。

即使你有99％想要成功的欲望，卻有1％想要放棄的念頭，那麼是很難成功的。只有持續地保持著堅持的信念，不允許放棄的念頭產生，才能一步步地走向成功。

要做到堅持就必須保持一個頑強的信念，否則一事無成。

不放棄就有機會，而失敗、挫折是不可避免的，但並不是不可戰勝的，成功，往往就在失敗之後再堅持一下的努力之中。

1—所有成功都是磨煉出來的

在通往夢想終點的道路上，生理和心理的極度疲勞很容易讓某些人放棄。

你可知，登上珠穆朗瑪峰的人，其腳下邁過的土地裡可能埋藏著無數遇難者的遺體。

他們中的每一個人都是在向夢想邁進道路上付出了生命的代價。多向前邁一步可能被很多人視而不見，然而是否多邁這一步就決定著你的存亡。

「鐵杵磨成針」、「水滴石穿」的故事教育了無數人。而到了當今，不少人產生了種種急於求成的心態，恨不得在一夜之間完成需要很久時間才能完成的事情。

由於沒有耐性，讓他們堅持走到夢想的終點幾乎是不可能的。

2 困難面前，看誰還能多堅持一會兒

在追夢的道路上，任何人都會遇到困難，怎麼辦？

這是每個人都必須面對的一個問題。

我們應該有一個很明確的觀點：

即使是最困難的事，只要自己有心理準備，就一定可以找到破解問題

的辦法。

解決困難的方式是多種多樣的，其中最重要的就是對事實有著清醒的認識，冷靜思考造成困難的原因，這需要一種敏銳的眼光，能快速得到答案，這是非常重要的。

不只是追夢途中，人之一生，總會陷入困境，結果的區別就在於看誰能多堅持一會兒。夢想的道路上一定會遇到許多坎坷和麻煩，任何人都有可能失敗。但是很多的人失敗後就偃旗息鼓了，被失敗打擊得再也爬不起來，這才是真正的失敗。

3｜苦難會讓你成為閃閃發光的鑽石

夢想路上有很多苦難，我們無法逃避，但我們不能不接受，不能不應對，這個時候，你只有征服苦難，跨越苦難，才能攀登上更高的人生之峰。

若一味採取消極的方式應對，苦難就會成為人生中的障礙；採取積極的方式應對，苦難則會成為人生中的墊腳石。

應該對苦難抱有什麼態度，你想好了嗎？

吃過葛根的人都會有這樣的感觸：剛入口的時候奇苦無比，可當你慢慢咀嚼，過了一段時間後，絲絲甘甜就會沁入心脾。這就好像我們的生活，需要付出艱辛的汗水，才能收穫成功的喜悅。當你付出的辛勞越多，勝利的喜悅也就越大。吃苦也是這樣的道理，當你吃了很苦的東西後，即便是寡淡無味的水果都會覺得無比甘甜。

要知道，沒有火的鍛煉，泥土就不會變成精美的瓷器，鐵就不會變成鋥亮的精鋼。

而夢想道路上若沒有苦難的淬煉，任誰都難以成為閃閃發光的鑽石！只有把所有難題都踩在腳下，你才會站得更高。

實現夢想的過程就是一次蛻變的過程，唯有經歷各種各樣的折磨，才能增加夢想的厚度。

實現夢想的成長過程，恰似蝴蝶破繭的過程，在痛苦的掙扎中，力量得到加強，心智得到提高，意志得到鍛煉。生命在痛苦中得到昇華。

當你從痛苦中走出來時，就會發現，此時的你已經擁有了展翅飛翔的力量。

05

看重別人的付出，相信自己的努力

有人說，尊重一個人就要從看重一個人的付出開始。在追求夢想的路上，我們不僅要看重、尊重他人的付出，同時也要相信自己的努力。

然而，這種精神正是現在許多追夢者缺少的一種品質，他們並非不尊重他人，也並非不願意付出，只是他們會對自己的付出產生質疑，不相信自己的努力一定能夠有所收穫。

◆相信自己的努力從尊重別人的付出開始

前幾天，之前一直做保險工作的Tamia告訴我，她年前開著一輛BMW出超市的停車場，收費的阿姨問了一句：「車是你老爸給你買的吧？」

Tamia有些沮喪，又有些小小的驕傲，一股奇怪的心理在心中作祟。

後來，Tamia斷斷續續給我講了一些她小時候的故事，我拾起記憶的碎片，大概是下面這些俗氣的雞湯故事：

Tamia從小家境不好，住在偏僻的山區，聽說讀書改變命運，於是拼命讀書，真考上了大山之外的大學，於是更加努力地學習。

畢業後十年Tamia一直在保險公司，從最基礎的業務員開始，做到今天的水準。

我把她介紹給身邊的其他女性朋友，大家紛紛說：

「怎麼可能，走出山區哪有那麼容易？」

「這種背景怎麼可能有大客戶人脈，沒人脈怎麼做保險？」

「她老公是富豪吧？」

「現在農村人都很有錢，爹媽是土財主吧？」

這些問題的答案我都不知道，也沒問過Tamia。

但我的第一反應是：「你們為什麼不信？」

我們經常見到很多女生在網上大肆宣揚女權主義，表達自己的立場和聲音，也會在網路上看到各種鼓勵女孩變得更美好的文章，可真的面對同齡女孩的努力，卻總是擺出一副「背後一定有人」、「不可能」的架勢。

提到業內某個聲名赫赫的女總裁，總有聲音從背後傳來：「那有什麼，不是離婚了嗎？再有錢再有能力也沒什麼幸福啊！」

時隔好些年不見的同學相聚，提到某個女生現在的生活很滋潤，大家不約而同地問道：「她嫁入豪門了？她老公是做什麼的？」

而提到自己每天的努力，又會說「幹得好不如嫁得好。」、「努力有什麼用？還不是個敗犬？」

人生的姿態千萬種，你怎麼知道離了婚就會不幸福？

你怎麼知道那些有本事的女生一定是靠別人？

不相信別人的你，又真的相信過自己嗎？

美國作家斯特凡尼·萊曼的小說《美好古董衣店》中，主人公之一的奧莉芙有一篇日記寫道：「我很好奇，未來的人們會怎樣看我們這些生活在世紀之交的傻瓜們。也許到了那一天，這個世界上的女人能和男人一樣平等。」

一百年過去了，表面上的平等在日新月異地變化發展，但我們的內心似乎並沒有做好準備。我們不相信別人的努力帶來了豐碩的果實，也不相信自己的努力有一天會讓自己實現目標。

如果說，書中描述的那百年前由於社會風潮引起的不平等壓制了女性的戰鬥力，那在今天這個男女平等的社會，來自我們內心的不相信才會徹徹底底地讓你對自己的認識毀於一旦。

至少前者還可以抗爭，但後者卻讓你再也無法站起來。

所以，請用善意的眼光看待別人的付出，也用相信的眼光看待自己的努力。

正在日本做貿易的Mr.Cheney，剛給客人買好的貨被偷了，自己得賠錢重新買；正在創業的朋友Betty，一個小女孩開個餐館，被各種部門刁難得一邊修車一邊在馬路邊哭。

我並不關心Betty是不是富二代，也不關心Mr.Cheney的家裡是不是很有錢，我只關心，他們是否正在積極努力。

當你能用這樣的心態和眼光看身邊人的努力的時候，你會感覺人人都是勵志物件。他們每個人都有值得你學習的地方，每個人的行為也有能激勵自己的地方。尊重別人的付出，看得起別人的成功，才是能夠讓自己走向成功的第一步。

1｜每個人的付出都值得尊重，包括你自己

信念是追夢路上最為神奇的一種力量，它以一種無形的姿態存在於我們的內心，也許你看不到它，但是卻離不開它。它是你的精神支柱，是你對自身努力的一種認可。

所以，請不要輕視任何一個人的付出，更要堅信自己的努力。

你要相信在追求夢想的道路上，只有努力才能增強自己的實力，才能在最短的時間內實現自己的夢想。

2｜追逐夢想需要一種相信自己的勇士精神

也許你不確定，努力能否有收穫，但可以肯定的是不努力肯定一無所獲。

有時候，你為了自己的夢想在努力，但是又對自己的這種努力缺少自信，這就導致在漫長的尋夢過程中越來越懈怠，堅持到底也就逐漸成為一

種奢望。

活出自己的實力，才能實現自己的價值。在很多時候，你都會對自己的努力沒有信心，甚至不相信在這個千難萬險的現實中自己能夠戰勝一切。

但事實上，只要足夠努力，一個支點、一個木棍，照樣可以撬起整個地球。

> 你最終的目標並不是為了撬動地球，而是需要一種精神，一種相信自己、不斷努力的勇士精神。

06 你以為的全力以赴也許並非全心全意

很多時候，你總以為自己為了夢想已經付出了全部，常常把夢想掛在嘴邊，供奉著、敬仰著，但是當你需要付諸實際行動去追夢的時候，卻總是輕易被所面臨的困難打敗。

困難很可怕，阻礙著你前進的腳步。但是，也許在你追求夢想的道路上，真正可怕的是你自己，是你所謂的「全力以赴」。

欲戴王冠，必承其重

你想過自己夢想的生活，就應該選擇一條屬於自己的道路——只有努**力到無能為力，才能看起來毫不費力。**

幾個月前，在給一家電子公司授課時，我給學員分享了這樣一個小故事：

在著名的美國西點軍校裡，不管學員做完什麼事，如對抗球賽、考試、訓練甚至是打掃之後，遇到教官時，教官不會問你結果如何，而是習慣性詢問：「你全力以赴了嗎？」

西點軍校裡不希望學生們養成敷衍、得過且過的習慣，做事就要全力以赴地去做。

他們對於卓越的表現自有一套定義，並且會積極向這樣的標準看齊。在過程中，學員會逐漸發現有問題的地方，並加以修補、調整，然後再繼續努力朝著目標一步一步推進。

政策的瑕疵、不盡完美之處或者不怎麼理想的成果，都有可能出現。不過，在西點學員朝卓越進軍的過程中，如果碰到問題，絕不會停滯不前，而是努力解決問題，努力爭取達到卓越的標準。這是西點精英們已養成的習慣，當然，他們更希望年輕的一代保持這一優良傳統。

美國前總統卡特回憶他在海軍服役的一次經歷時，感觸頗深。

當時，他申請參與核動力潛艇計畫，負責這個計畫的是海軍上將海曼・裡科弗，他的嚴厲及要求之高在軍中無人不知，要想參與這個計畫，卡特必須要和上將面談。

據卡特所知，凡是從這位將軍的辦公室走出來的申請者，都是滿臉懼怕，顯然是被嚇壞了。但是，要想獲得批准，就必須要過這一關。在他與上將的談話過程中，將軍大多讓他自由發揮，挑他熟悉的話題談。不過將軍問他的問題卻越來越難，而且都是卡特不怎麼熟悉的領域。

就在面談即將結束的時候，將軍問他：「你在軍校裡的成績怎麼樣？」

卡特非常驕傲地回答：「在八百二十名同學中排名五十九。」他滿以為將軍會讚賞他，沒有料到將軍卻說：「看來，你並沒有全力以赴。」

對此，卡特本想回答：「不，我盡了全力。」但他想了想，其實在聯邦、敵人、武器及戰略等方面，自己都有有待加強的空間。因此，他的回答改成：「是，我不是一直都如此全力以赴。」與上將的這次談話使卡特受益終生。

對一個人而言，「全力以赴」到底意味著什麼呢？

有人說：「全力以赴乃是逆境的剋星，因為它讓你咬緊牙關堅持下去，無論被擊倒多少次，它總能支持你再爬起來，所以，只要你的工作目標已經確立，你就必須全力以赴。」

柯樸．布蘭特將軍也說：「要不要全力以赴，操縱在我們自己手上，但是除非我們願意這麼做，否則這種選擇的自由一點意義也沒有。現在的年輕人做事情有沒有全力以赴？沒有的話，就應提高標準立刻向西點軍校學習，建立起一套你自己引以為傲的底線，不要隨便找藉口搪塞，爭取凡事都要做到最完美的境界。」

對於拳擊手來說，他是從地上一再爬起來，爬起來的次數總比被擊倒的次數多一次。

對於員工來說，那就是自動自發，竭盡一切努力，讓周圍每一個人都看到你強大的執行力和傲人的成果。

對於馬拉松選手來說，他是感覺體力用盡之後，再多支撐十里路。

對於士兵來說，他是不管山頭上有多少敵軍火力，先把它攻下來再說。

1 失敗，也許是因為你的努力還不夠

前幾天在網路上看到一段話：「你花五十元買個便當吃，覺得很節省，有人在路邊買了十塊錢饅頭吞咽後步履匆匆；你八點起床看書，覺得很勤奮，上FB發現曾經的同學八點就已經在面對繁重的工作；你週六補個課，覺得很累，打個電話才知道許多朋友都連續加班了一個月。親愛的，你真的還不夠苦，不夠勤奮和努力。」

這句話是說給每一個有夢想的人聽的。

在一次喝下午茶時，朋友感慨：「掐指一算，為夢想奮鬥一整年了，回想這近一年來的工作和生活，似乎很平淡，很順利，沒有經歷太多的坎坷，但總覺得生活缺點什麼；現在的心境也比較平和，但又總覺得這不是真正的平和，而是一種麻木的表現。」

其實，我很理解朋友的感觸。在現實中，夢想的棱角已經或多或少被磨平了，也或多或少有了一些改變，之所以改變，是因為環境的影響。

當初朋友之所以選擇那所公司，是因為覺得很安逸平穩。而現在，當他身處其境時，尤其是現在回想起來，就甚是恐懼。

以朋友的年紀，應該正是打拼的年齡，而他卻獨享這份「自由」。用他自己的話說：是不是提前開始了老年生活？

一整年，他還是放縱了自己，沒有真心做計畫，以至於讓自己變成了一個不折不扣的懶人。追夢的人生不是變得更加精彩，而是變得更加糊塗了！

朋友說，有時候，他甚至覺得自己過得很苦。可是苦什麼呢？

現在想想，他才發現當初他所認為的這些苦真不算什麼。之所以有這些苦的感覺，那都是他自己造成的。因為不夠勤奮，所以無所事事；因為不夠努力，所以唉聲歎氣。

2—最可怕的事情是，比你優秀的人卻比你還努力

也許你不具備某種天分，也沒有聰明的頭腦，於是只能通過後天的勤奮、努力來彌補缺憾。可是，比這更悲哀的是，比你聰明、比你有天分、比你有條件的人，比你還要加倍努力。

在通往康莊大道的旅途中，別人的付出比你多，別人堅持的時間比你

還長，甚至，比你還狠心地對待自己，壓迫自己。

這個世界是有不公平，可是如果你足夠努力，足夠堅韌，足夠勇敢，你又怎麼知道自己不會得到自己想要的一切呢？

現實如斯，你還能抱怨什麼呢？

人，總是首先注意到別人炫目的光環，而往往自動忽略掉別人背後的艱辛和努力。有時候過於嫉妒以致失去理智，甚至惡語中傷他人，以為別人的成功是靠某種捷徑取得。殊不知，歸根結底，是你還不夠努力。

與其蹉跎時光，羨慕別人，不如把目光移到自己該專心致志的目標上，每天堅持不懈地努力，總有一天會初見成效的。

現在你知道了，你曾經以為的全力以赴並非真正的全心全意，那只是你為自己的不肯向前尋找的理由。

> 敷衍了事永遠實現不了自己的夢想，全力以赴才能揮舞最終勝利者的旗幟。

07

要實力，先努力到把自己都感動

在追求夢想的道路上，總是會有各種難題等著你，我們不知道人生會有怎樣意想不到的事情發生，既無法避免，也不能逃避。

唯有不斷壯大自己，增強自己的實力，才能跨越種種障礙。

但是，有很多人經常迷茫，到底要努力到怎樣的程度才能將自己的實力提升到極限？

實際上，努力的程度沒有一個統一的標準，很難用某一種計量單位來衡量。

但一個人努力與否，唯一能夠準確體現努力程度的就是感動自己。

◆ 努力到無能為力，拼搏到感動自己

佛曰：「人生最大敵人乃自己。」

要想成功，首先你得能把自己感動。

也許你能感動別人，甚至能感動天、感動地，但是你就是感動不了你自己。這還不能算成功，當你能把自己都感動得哭了的時候，你就成功了，或者說你已經離成功不遠了。

在追夢途中，我們會遇到各種各樣的敵人和困難，但這些卻都不是我們前進途中最大的敵人。

人最大的敵人是自己，如果不能超越自我，感動自己，那麼根本不可能會全力以赴地去實現自己心中的夢想。

一次陪同友人Larry去寺院參禪。路上，他給我講了這樣一個真實的故事：

古時，有一位一心向佛的和尚叫明智。他為了能夠修成正果，便整日住在深山中的一座廟裡專心修行。然而，令他想不通的是，不知為何，每次打

走開！
別阻礙我前進！
嘿嘿！你忘了？
我就是你的影子啊！

坐之時，眼前都會出現一隻烏鴉，在那裡亂飛亂叫，跟他搗亂，使他靜不下心來修行。

明智因此心中十分苦惱，便向祖師請教解脫之法：「師父，每當我入定之時，就會有一隻烏鴉來擾亂我，不管我怎樣趕都趕不走它，請您為弟子指點迷津。」

祖師聽罷，十分平靜地說：「在下次入定之時，你可以這樣做，拿一支筆，等到烏鴉出現的時候，在牠的肚子上畫一個圈，看看到底是什麼怪物在阻撓你，我便可為你清除眼前的孽物。」

明智和尚聽從了師父的引導，在入定之時，備了一支紅筆，烏鴉一出現，他便飛快地在其身上畫了個圈。烏鴉受了驚，倉皇地逃走了，明智和尚很快便安然入定。等他出定時，卻發現自己的肚子上居然有一個大紅圈！此時方才恍然大悟，原來阻撓自己的並不是什麼怪物，而正是自己的心魔。

人們往往都喜歡時時勿忘我，而修行人最重要的就是要忘掉自己，因為一個「我」字，是帶給自己、別人一切不幸和災禍的根源，真正的苦行莫過於一顆平靜而卓越的心。

從出生的那一刻起，我們就在一天天走向死亡；任何一項事業在達到頂峰之時，便會開始走下坡路。

當你連連獲勝的時候，等待著你的可能是挫折；當你陶醉於幸福之中的時候，等待著你的可能是不幸。

你能做的，就是不斷努力，直至超越自己，戰勝自己，感動自己。

1 再聰明的人，不努力還是會一事無成

生活中也經常看到這樣的現象：有的人看起來很聰明，卻最終一事無成；有的人看起來天資愚鈍，最後卻取得了巨大的成功。在這種現象背後，究其原因，勤奮是最重要的原因。

從古往今來的成功人士身上，我們也不難發現：想要獲得成功，就要付出更多的努力，因為「一分耕耘，才會有一分收穫」。

那些取得卓越成就的人，都與努力有關。

2 因為堅持才看的到希望

你想比別人更成功嗎？

如果想，那就拼盡全力去努力。不要低估自己的潛能。要知道，我們的大腦本就是一座潛能的寶庫。從科學理論上來說，大腦的資訊存儲量最高可達五億本圖書。可是，據說人類的大腦只開發了5％。換句話說，如果一個人拼盡全力，儘量激發自己的大腦潛能，將會取得不可想像的成就。

很多時候，**不是看到了成功的希望才選擇堅持，而是堅持了才看到希望！**

失敗永遠只有一種，就是半途而廢。做事經常半途而廢的人，等於把失敗寫入了自己的基因，也許今生今世與成功再也無緣。

人生的道路難以一帆風順，甚至會佈滿荊棘、充滿坎坷，但只要有堅定的信念，就總會看到希望、看到曙光。從某種角度來說，痛苦和苦難會成為人生中難能可貴的營養和財富。

堅強的人，要學會在不完美的現實中，堅持自己的信念，努力創造完美的自我，要相信自己，並持之以恆。

遇到風險，信念可以激勵出生活的勇氣；身處逆境，信念能鼓起前進的風帆；遭遇不幸，信念能保持崇高的心靈。即使前路有再多的艱難困苦，只要有信念，就能執著地追求，無怨無悔。

3—努力不是喊口號，找到目標，各個擊破

對於一個人來說，現在處在什麼位置並不重要，真正重要的是下一步將要邁出的步伐。

找到屬於自己的目標，人生就好像有了羅盤一樣，加足馬力，為之付出艱辛的努力，就能達到夢想的彼岸。

實現夢想的過程，就好像是爬樓一樣，要一個臺階一個臺階地上，將大目標分解為多個容易達到的小目標，就會體驗到成功的喜悅，擁有成就感。而這種成就感又會促使自己向下一個目標邁進。

在日常的生活工作中，我們難免會遇到艱巨的任務，或者看上去特別遠大的目標。你可能也會堅持一段時間，但很快就洩氣了。

生命中的惰性像地心引力一樣，隨時都會讓你下沉和淪陷。

其實，不用灰心，把長遠的目標分解成一個個簡單的目標，然後堅決地去執行，各個擊破，分層次實現。不知不覺之中，你離成功就會越來越近。

4 你是否努力到感動了自己

人生如夢，是因為人生存在不可知的未來；夢如人生，是因為有夢才存在生活的欲望。

我們每個人一生中最大的敵人就是自己。有很多人可能超越了別人，戰勝了無數的對手，然而，最後還是敗在了自己的手中。因此，想要達到某個目標之前，一定要先進行自我檢查，看看自己是否被滯留在了通往夢想的某個過程之中。

世界上最可怕的絆腳石、最大的敵人便是我們自己。

從古至今，功名顯赫的名人激起多少人的羨慕和欽佩，當這些人站在人們面前時，使人感到渾身上下都有一種人格魅力，可他們並非都是豐功偉績的幸運兒。翻開他們每個人的經歷，幾乎都有過坎坷。

他們善於把自己的缺陷當作人格完善大廈的鋪墊，從而鑄就了不屈奮鬥的個性。

因此，只要敢於突破自己那顆脆弱的心，付諸行動，就能夠超越自我，變成世界上最美麗、最具活力、最有價值的人，擁有非凡的人生！

很多時候，我們經常被別人的事情或是努力所感動，但是卻很少被自己感動。

有的人可能會認為，也許是自己並沒有做什麼能夠感動自己的事情，也許是自己不曾發現自己的努力與付出。

其實，你不能把自己感動的原因很簡單——你還不夠努力。

當有一天，你能努力到把自己都感動的時候，那或許就是你真正擁有追求夢想實力的時候。

CHAPTER 4
第四章

沒有實現不了的夢想，
只要你敢死磕

01 將「不忘初心，方得始終」刻在骨子裡

在追求夢想的道路上，堅持的重要性每個人都知道。

但真正能夠做到的又有幾個？

沒有一顆堅持為夢想去奮鬥的心，很容易讓人在奮鬥的過程中迷失前進的方向。

也許你曾在某一個安逸的環境中忘記了自己的夢想，也許你曾在某一次跌倒中丟失了自己的夢想。但是，夢想從來都在那裡，在每一個人的心中。它從不曾改變，只是我們發生了變化。

我們或是因為懼怕現實，或是因為安於現狀而選擇了停止前進的腳步，但是，那真的是我們想要的生活嗎？

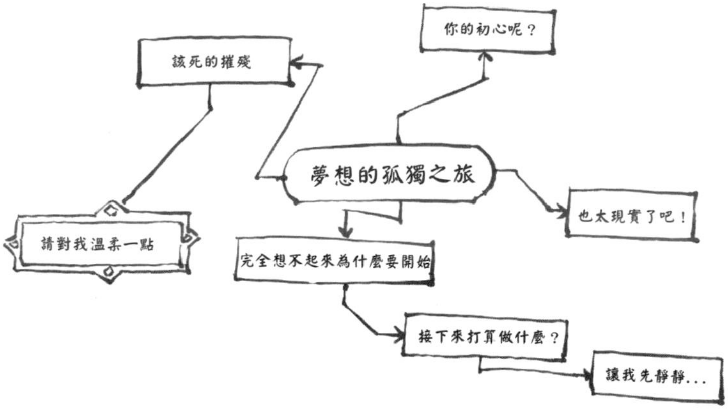
夢想的孤獨之旅
你的初心呢？
該死的摧殘
請對我溫柔一點
也太現實了吧！
完全想不起來為什麼要開始
接下來打算做什麼？
讓我先靜靜...

殊不知，一旦決定要成為走上頂峰的人，就註定是孤獨的開始。

夢想，註定是孤獨的旅行

人生一半是現實，一半是夢想。

實現夢想的過程是一個夾雜著放棄與堅持的過程，是一個充滿苦澀和傷痛的過程，更是一個充滿無盡孤獨的過程。因此實現夢想的過程也是一個飽經人生酸甜苦辣的過程。

理想是豐滿的，現實卻很骨感。實現夢想的途中有一道無形但很堅固很高的牆——現實。不同的人對於這道牆有不同的反應：有的人選擇利用工具打洞鑽過去或借用樓梯爬過去；有的人選擇憑藉自己的力讓自己強大然後用盡全力推翻這道牆；有的人選擇在這道牆下睡覺，等待別人幫他推翻；有的人選擇繞道而行，他們堅信路的旁邊也是路，條條大路通羅馬。

可想而知，不同的舉措對應著不同的結局，有的人成功了，有的人失敗了，也有的人還在原地踏步，止步不前。

1｜逐夢之路飽受摧殘，但人生不是用來打敗的

實現夢想的過程，你會被踐踏得體無完膚，你會被邊緣化，你會不被理解，你會被嘲笑、會被怨恨、會被放棄、會被諷刺、會被討厭、會忍受無盡的孤獨——這是一個身心飽受摧殘的過程。

在你與現實的抗爭過程中，往往會因為自己在現實面前的渺小感受到一種無形的壓迫，於是本能地企圖抵禦那一種壓迫。由於它無形，你的抵禦常常被反彈回來擊疼自己。

當現實向你的夢想襲來時，你竭盡所能護住它。可你的抵禦好像乏力，似乎被無可奈何地反彈了回來，如同被看不見的網擋了回來，如同被扣殺在自己場界的死球，在這個揪心的過程中你會產生不可名狀的狀態。

但是這些都不應該讓堅定執著的你放棄。

沒有一個人不通過藐視忍受的奮鬥就可以實現自己的夢想，暴風雨襲擊之後的黑夜會是另一番新的景象。

正如海明威在《老人與海》中說的那樣：

「一個人並不是生來就要被打敗的，你盡可以消滅它，但就是打不敗

它，夢想也是很頑強的，有較強的生命力，它也許會被現實暫時打敗，倒下，但它從未放棄過尋找合適時機反撲對手，也許我們都曾說我堅持不下去了，我放棄了，但是實際上我們卻總在內心裡保留著希望，保留著不甘心放棄跳動的心。」

只要不忘初心，你依然可以在大大的絕望裡小小地努力著。得不到的永遠在騷動，那份內心的不甘始終鼓動著你，在內心提醒著你不要放棄，勇往直前。

2 堅持就是不忘初心，Follow your heart（追隨你心）

蘇格拉底說：「未經思考過的生活是不值得過的。」

一個人得有自己對生活的獨立見解和看法，才算是真的活過。關於夢想，要想獲得獨立的見解，最好的做法自然是回歸到自我，回到自己的內心深處來，聆聽自己的心聲。

生活中，常常有這樣一些人，他們似乎只有和別人在一起，只有不斷說話，才會感到快樂。一旦回到個人的世界中，他們就會覺得厭煩、孤獨、無聊。

其實，這恰恰是內心浮躁、不會和自己相處的表現。

要知道，即便是與自己朝夕相處的家人，也有疲倦睡去或者有事離開的時候，不可能時時刻刻陪伴著我們。因此，我們要試著和自己做最好的朋友，試著和自己交談。學會讓自己安靜下來，在靜心的狀態中反省自己，認識自己，是找回初心的最好方法，可以讓我們看到自己的不足和長處，並找到願意為之不斷奮鬥的目標。

「不經一番寒徹骨，焉得梅花撲鼻香？」

每個人都渴望成功，但通向成功的道路往往佈滿了荊棘，而且很多時候都只有自己一人隻身應對。

這種時候，就更需要學會和自己相處，更需要學會沉澱。

行走在茫茫人海中，我們似乎總是被迫往前奔跑，漸漸變得隨波逐流，不知道自己想要什麼，漸漸失去了激情。為了過上真正有意義的生活，靜心思考，聆聽心聲是非常重要的。為此，就必須學會和自己相處，學會在獨處中思考夢想，思考人生。若能不忘初心，你終會達到夢想的彼岸，成為追夢人！

Follow your heart——「追隨你心」、「聽從你的心」。

雖然這個簡短的小句子看起來顯得精練內斂，然而實際上，能做到「Follow your heart」的人寥寥無幾。

其實，傳統文化並不缺「Follow your heart」的因數，商業文化中的時尚、年輕和活力，也昭示著其廣受歡迎的內涵。但具體到每個人自我的內心世界和外在的具體表現，卻的確很難那樣「隨心而活」。

探究其個中原因，其實問題往往出在他們對「客體評價」的重視上——更準確地說，出在他們在建構自己的夢想時，更多地喜歡讓「客體評價」參與其中，而不是讓自己來評價這些夢想。

仔細觀察，你會發現，「Follow your heart」這樣的夢想理念，無論在大事還是小事上，真正能加以踐行的人都太少太少。

「這件衣服怎麼樣？」——這樣的問題，實際上並不是在問「你覺得這衣服如何？」，而是在請求對方，「請對我穿這件衣服的形象做出評價」。

同樣，類似的問題還有：「你覺得這裡的房子值不值得買」、「你看我應不應該跟他交往」、「你覺得我是否應該跳槽」等等。接著，由小及大，逐漸地，由生活中點滴細節的願望而構成的未來夢想，就這樣在「你覺得怎麼樣……」的問題中逐漸成形。

許多人都重複著上面的過程，不厭其煩地希望得到自己所在乎的人對自身夢想的各種評價，無論這樣的夢想是小到一件衣服，還是大到整個人生。同時，他們關注的其實還不僅僅是具體人給出的具體意見。

3—不因外界任何輿論而輕易改變初心

輿論，無所不在的輿論，也會相當深刻又輕而易舉地改變一個人的夢想。

這是因為無論是民間口頭的輿論，還是新聞媒體中的輿論，似乎都因為佔據了話語權，而顯得那麼正經八百，處於更高的層次，能夠讓人們匍匐於其下，並以其評價的風向，來改變自己的夢想。

尤其在我國這種人情社會中，輿論更能簡單粗暴地在你尚未誕生成形的夢想面前畫上一條筆直的道路，然後標上大大的字樣——「須走此路」。

但問題是，當每個人的夢想都註定要走在這樣的道路上時，磕磕碰碰將難以避免，頭破血流也時有發生，到那時候再怨恨世界的所謂出錯，還不如一開始就聽從內心，真正瞭解自己想要實現怎樣的生活狀態。

當然，不是每個人都有實際條件去擁有那種「**Follow your heart**」的機會。

但至少，不要把你的夢想交給其他人，而要儘量讓內心的自我來對之加以評價，這樣，你才會看到更加廣闊的世界，在不遠處，看見成功向你露出美麗的微笑。

02 低下頭努力，剩下的交給時光

並不是你想要的，努力就能得到，現實總是有些讓人難過。

現實總能夠殘忍到，在你付出了大把時間和精力投入到心愛的事業中，並且小有所獲的時候，將你的付出連根拔起，不給你留餘地。現實甚至殘酷到，在你付出之後，連減肥這樣的小事都不讓你得逞。更別提，你的那些遠大理想、雄心壯志。

在現實中，你可能跌落了無數次又爬起來，練習飛翔無數次，可當你信心滿滿站在崖邊再一次起飛的時候，卻依然重重地摔個半死。不僅如此，現實還會重重地捅你一刀：「不讓你摔一下，你真以為自己是雄鷹啊？」

但是，時光不會讓你一切的努力就此結束。

與其相信好運降臨，不如低下頭努力

朋友Antonia是某保健食品的銷售員，我曾去他們公司做過培訓，所以，聽他講了不少自己的事。

據說，Antonia剛到公司不久，業績如日中天，讓很多經驗豐富的老員工都眼紅，不瞭解他的人認為是他運氣好。

Antonia在從事這份職業前，他和朋友在外共同做了兩年銷售，只是簡單地賣東西，很少涉及專業的銷售知識，他很想進入這個領域進行深度學習，所以進入了這家公司，他深知，沒有什麼經驗的人要想做出一番成績就必須腳踏實地，不能抱有僥倖心理。

通常情況下，Antonia不管走到哪裡，皮包裡都背著厚厚一疊公司及相關保健產品的資料和媒體報導，還準備了各種各樣瓶裝的產品小樣，在公車上、地鐵裡，哪怕有一點閒置時間，他就拿出資料反復研讀。朋友Nana還曾開玩笑的說他：「上學的時候也沒見你這麼認真！」

有一天，Nana住院了，Antonia去醫院探望她。當Antonia經過專家診療室門口時，坐在等候區的患者及其家屬引起了他的注意，從患者痛苦的眼神和家屬擔憂的心情來看，Antonia認為這是個商機。

Antonia把公司和產品的宣傳冊遞給了幾個家屬，同時遞出了自己的名片：「您好，我是營養健康與保健方面的資深顧問，如果您有關於這方面的問題可以隨時打給我，我可以免費為各位提供諮詢服務，祝您和家人健康、美滿！」

第二天下午，Antonia突然接到了一個陌生人的電話，沒想到，對方正是昨天在醫院裡看到名片和宣傳冊的一位病人家屬，想要諮詢一些健康問題，幾次約見後，Antonia的專業和真誠打動了對方，顧客也越來越信任他，並一下子購買了幾萬塊的保健品。後來，這位顧客還把Antonia推薦給了許多朋友，Antonia大獲好評，當然，也收穫了頗為驚人的業績。

可見，看上去運氣好的人，並非是獲得了上蒼的恩賜，而是時刻準備、腳踏實地地付出爭取來的。

在Antonia眼裡，好運時刻都可能降臨，因為運氣不是從天而降，而是掌握在自己手中。

不要覺得自己是追夢的人，老天就會格外照顧你，如果你總是寄希望於運氣，無異於守株待兔，在你漫長等待的過程裡，別人不知已經成功多少次了，而你只能浪費時間、窮困潦倒，與成功無緣。

這世界上從來沒有一無所獲的付出。夢想也許會遺棄付出的人，但時光最終不會辜負你的每一份付出。

被夢想遺棄要麼是因為付出與夢想還不匹配，企圖用有限的付出作為支點，撬動整個地球；要麼是因為與你夢想相關的外因太多，甚至這個外因對你的付出有一票否決權。但是，時光是付出最忠誠的見證者，你每一份的付出，它都看得見。

可在現實中，身邊越來越多的人會感慨：付出不一定有回報！

當然，在付出和回報的天平上，我們總是習慣性地放上了唯一的衡量標準，這就是最初出發時的目標——即我們一開始為之奮鬥的「夢想」。

然而，現實中，關於「夢想成真」總是有太多的條件。

即使你足夠努力，卻把握不了與你的「夢想成真」有關的其他糾葛。

你的付出再多，但是現實卻從未給過任何人承諾，它也沒有義務許你一個未來，所以，付出者心理就容易失衡，沮喪地認為「付出不一定有回報」。

1 只有膚淺的人才相信運氣

萬事萬物皆有因果，一件事情的產生、發展和消亡總有它的原因，所謂的運氣只不過是概率極低的偶然事件。

美國思想家拉爾夫・沃爾多・愛默生說：「只有膚淺的人才相信運氣，堅強的人則相信自己。沒有什麼比依賴運氣、不切實際的人更愚蠢。」

追夢多年依舊平淡的你，或許認為自己時運不濟，有貌有才、有能力、有抱負卻無人欣賞，動不動就怨天尤人，說上天不給你機會，整天做著賞識自己的伯樂出現的白日夢。然而，運氣即使存在，也是公平的，它如陽光一般潤澤萬物、普度眾生，關鍵在於你是否做好了準備迎接它的到來。

「成功只靠運氣」是個假命題，運氣只是其中一個微乎其微的因素，個人主觀能動性才是最重要的條件。

2｜時光像面鏡子，你付出多少都照的出來

夢想這個大舞臺，臺上的每個人都想要盡情展示自己。很多初登舞臺的人一上臺就想表演「走鋼絲」以吸引眾人的注意力，殊不知自己的基本功實在有限，沒走幾步就摔到台下，傷痕累累。

儘管你有理想有抱負，但缺乏經驗，沒有腳踏實地的態度，註定要失敗。而那些總是妄圖投機取巧、自以為是的人，再有天賦，也難獲成功。

一步一個腳印地工作是實現夢想的基本要求。地基不牢固的摩天大樓，建成也有倒塌的危險，在舞臺上不腳踏實地、演出有水分，謝了幕也不會贏得觀眾的掌聲。

不管是所謂的無所獲的沮喪，還是「有志者事竟成」的歡喜，都是因為內心的評判標準太過單一化，過於「功利」罷了。

你的付出，時光都會看見，即便它許不了你一個「夢想成真」，也一定會補你一份「無心插柳柳成蔭」的驚喜。只不過是或顯性或隱性，或早

或晚，或物質或精神，不同呈現方式的差別而已。

夢想總像個成年人一樣高深莫測、喜怒不形於色，但時光卻會像個孩子，單純得像一面鏡子——低下頭努力，剩下的交給它吧！你付出就會讓你有所獲。

03 若信念足夠堅定，全世界都會為你讓路

在追夢的路上，你要始終相信，只要信念夠強大，全世界都會為你讓路。

信念，不僅僅是不懼怕困難，也是跌倒後重新站起來的決心；信念，不僅僅是不害怕孤獨，也是在孤獨中發現自我的勇氣；信念，不僅僅是重新再來，信念也是再次起航時的睿智。

在現實生活中，你總覺得夢想很難實現，即使能實現也需要花費漫長的時間等待，但夢想從來都不是速成品，如果你想在短時間內毫不費力地實現自己的夢想，那麼你就會永遠停留在想像的層面上。

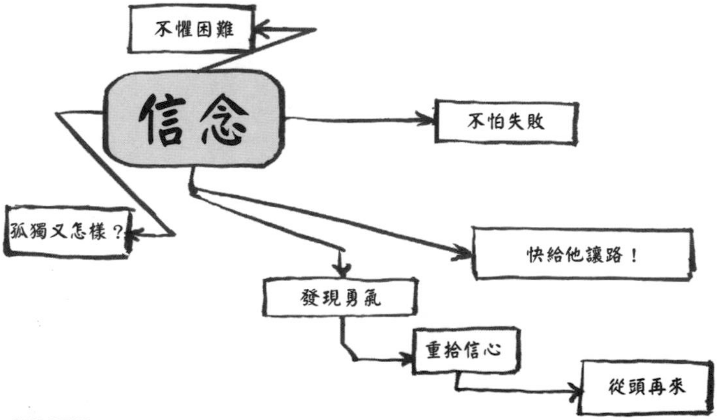

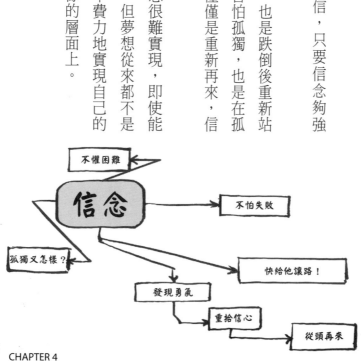

你是否有與夢想死磕的勇氣

從來都不會發生天上掉餡餅的好事，也從來都沒有實現不了的夢想。

你之所以覺得自己的夢想無法實現，是因為還沒有具備強大的信念和整個世界死磕。

世界不公平嗎？當然不。

世界對每個人都看似公平對待——它向所有人提供同等的機會和條件，但總是會出現一些相對而立的成功者或是失敗者。

為什麼會有人成功有人失敗？

當你對那些成功者冷嘲熱諷的時候，你看到的往往是他們的風光無限，看不到的則是他們的強大的信念。

面對現實的殘酷，有些人成功了，不僅因為他們一直在刻苦努力，更是因為他們擁有常人無法想像的強大信念。這一信念就是他們披荊斬棘的強大武器，是他們足以讓全世界為之讓路的資本。

很多時候，你無法實現自己的夢想，可能是因為受到了外界因素的影響，但是從根本上來說，真正阻礙你實現夢想的還是你自己。例如，你總在給自己的失敗尋找各種理由，但實際上你所擁有的信心和毅力與夢想卻始終處在一種不相稱的狀態中。你沒有足夠的信心去面對接連不斷的困難和挫折，在跌倒之後，不願意再爬起來，也不相信自己能夠爬起來。

可是，我們多消沉一會兒，你的競爭對手就會又強大一點，夢想也會離你又遠一點。當有一天，你的信心和毅力積攢到和夢想處在同一個水平線上的時候，才有資格和各種苦難死磕，那時的你離夢想也就不遠了。

為此，當下你需要做的就是樹立起信心，並且堅持不懈地去拼搏和努力。

1｜信念會因為你的堅持而迅速升值

有人說：「一個信念並不值錢，但如果堅持下去，你的信念就會迅速升值。」

首先，對於追夢者來說，為某一個目標持續堅持下去，而且不淡化這種激情，實屬不易。

在漫漫的人生路中，人是很容易遺忘的。忘記自己的初衷，忘記自己的本色，更何況是一個虛無縹緲的信念。

一個人要想有所成，必須有足夠的忍耐力，能夠經得住寂寞，守住自己的心，不要讓自己的靈魂缺失。除此之外，另一種困難就是來自外界，正所謂「結廬在人境，而無車馬喧。問君何能爾，心遠地自偏」，在當下有多少人能夠有這般不為外界所干擾的境界？

在別人看來，當你擁有了一個信念時，或許是很可笑很無知很特立獨行，於是很多人勸你放棄吧！遺忘吧！

此時一部分人會停下來，在別人的期待下選擇一條他人認為的道路。

但試問，那是的你的信念嗎？

終於，你在內心的糾結中成了一個路人甲的角色，沒有活出自我。可你也知道，活出自己要付出很多身心的壓力。而另一部分人還在堅持，但當面臨幾次失敗後，或許也開始退縮了動搖了，於是他放棄了自己的夢。

其實，後者比前者更加可憐，因為前者只是擁有不值錢的想法，而後者的你其實正在通往康莊大道，卻中途返回。

所以，既然選擇了堅持，就不要彷徨猶豫，因為這是你的選擇，因為你擁有蓬勃向上的勇氣，美好樂觀的憧憬——這是多麼美好的事情，人活一世，不僅僅是物質的享受，更重要的是精神的滿足。

也許此時的你已經遍體鱗傷，可你要堅信，光明就在不遠處等你。

2 內心足夠強大，信念才能足夠堅定

很多人在追夢的路上，不斷做著向外擴張的努力，以便獲得社會所認可的成就，擁有屬於自己的社會標籤，以此肯定自己生存的價值。然而，內心足夠強大，信念才能足夠堅定。否則就會因此被困於外界迷失，完全喪失自我。

還記得來自美國游泳隊二十八歲的雷紮克，當年他的對手是一百米前世界紀錄保持者貝爾納德[9]。在開局落後一個身位的情況下，最後二十米

---

9 一百米半決賽創造了47.20秒的世界紀錄，雖然在兩分鐘後被蘇利文奪回。

如上帝附體般創造了奇跡，他的一百米游出了46.06秒，比當時的世界紀錄47.05秒快了近1秒。

而菲爾普斯在獲得個人第七金時，全世界都認為接下來他要輸了——包括他的母親、他的教練都認為他要輸了。但是最後一刻當他的名字第一個出現在泳道中的時候，全世界都瘋狂了。這一次不可思議的獲勝成就了菲爾普斯最輝煌的時刻，也成就了他的奧運八金夢。

在追求夢想的途中，一切都不重要，最重要的，是有一顆堅定的心。除非你自己放棄，否則你就不會被打敗，只要你願意，全世界都會為你讓路！

04

經歷風雨的人，必將有所作為

每個人在追求夢想的過程中，都會經受各種風雨的洗禮。但是，我們常說的那句「風雨之後見彩虹」真的並不只是說說而已。

風雨給予我們的不僅是傷痛，還造就了一顆顆敢於瘋狂追求夢想的心。

能經歷風雨的人，必將有所作為。然而，有些人總是把經歷風雨與失敗等同。

殊不知，經歷風雨也不完全是一件壞事，更不能和失敗畫上等號。從某種意義而言，經歷風雨和成功是可以相互轉化的，沒有經歷過風雨，也就不會成功，這個再簡單不過的道理不難理解，但很多人往往難以接受。

一方面，出於心理需求，走到人生的某一階段，人們總希望獲得認可，實現自我價值；另一方面，出於面子心理，追夢者不希望面對失敗。

因此，在追夢的路上，我們要學著理智看待前方的風雨，或許那是你通往成功大門的必經之路。

如果只是因為錯過了月亮就哭泣，那麼，你會錯失群星的璀璨！

Evan已經四十出頭，在一家工廠的技術部門工作了五年，是有名的「技術老手」，由於工作的專業性和技術性都很強，Evan剛就職時壓力相當大，但死不認輸的性格讓他順利考取了相關的專業資格證，並通過成人自考拿到了大學文憑，一直以來兢兢業業，現在可謂是部門裡的「骨幹員工」了。

就在這時，正欲向上級主管提出升職申請的Evan遭遇到了職位調動，整個部門面臨轉職變動，Evan一來覺得自己的能力還是適合在原有職位上繼續工作，二來聽說原部門主管要退休，自己正好可以代替這個空缺，培養新人。

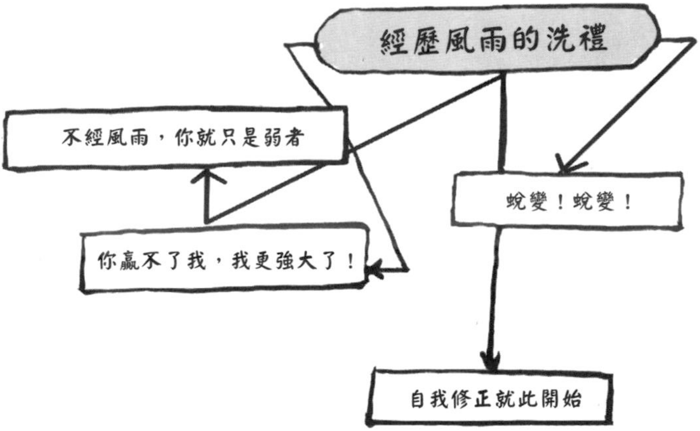
經歷風雨的洗禮
不經風雨，你就只是弱者
蛻變！蛻變！
你贏不了我，我更強大了！
自我修正就此開始

於是Evan自信地來到經理面前主動爭取職位，結果卻大失所望。經理以「沒有編制」的理由拒絕了Evan，後來幾次爭取無果。接著，Evan不得不服從上級的命令調動了職位，並且新職位與之前的工作毫無關聯，一切都要重新學起。

在一個雨天，Evan靜靜地望著窗外，感覺自己的心情猶如外面的陰雨一樣，但至少外面的雨水還有處發洩。Evan的家人心疼他，一直安慰他要把心放寬，到了這個年紀不要太較真，否則註定失敗。

連最好的同事也這樣勸告Evan：「反正你家底厚，現在的工作比原來的職位輕鬆多了，你不如在這裡上上班、混混日子罷了！」

Evan聽了卻高興不起來，特別是「混日子」的提議刺痛了Evan的心。

他認為如今自己已經四十三歲了，不想再面對失敗。而這次風雨對Evan無疑是巨大的打擊。他不甘心混日子卻又無能為力。

其實，Evan若能看開一點，客觀地看待這次失敗還好，可惜他陷在失敗的困局中無法自拔，眼看著一個大男人一天天變得憂鬱起來。

四十歲的人已經走過了半個人生，而走的路越長，要經歷的風雨就越多。

再偉大的人一生之中也無法避免暴風雨的來臨，重要的是要學會如何面對它。

1 一 經歷風雨之前要有的準備

暴風雨並不可怕，可怕的是從此一蹶不振。以下兩個小方法或許可以讓你平靜地面對一切：

a 適度傾訴：找一個要好的朋友，吐露自己的遭遇和心中的不愉快，傾訴實則是一種「轉移法」，將痛苦轉移，心理情緒就會開始向好的對立面轉化，逐漸平復心情，重新振作。

b 分析總結：為什麼別人能成功而你卻不能？這是失敗後的你需要思考的一個問題。你既需要分析失敗的原因，也要分析別人成功的原因，從而制定對策，若條件允許，最好有理有據地記錄下來，以免再次栽跟頭。

2 ── 苦難的經歷能促使人蛻變

如果成功是一種元素，蛻變是一個複雜的化學反應，那麼苦難無疑是催化劑。它可以加速反應，促進蛻變，在反應的最後生成成功的結果。

就像雄鷹想獲得生命的蛻變，就必須接受難以忍受的痛苦一樣。在《動物世界》中，關於一隻鷹的蛻變，有這樣的介紹：

一隻老鷹完全可以活到七十歲，不過前提是，在牠四十歲的時候要經受得住蛻變的痛苦。到了這個年齡之後，牠的翅膀就會變得非常沉重。一方面是因為年齡大了，力氣有所不足；另一方面是因為經過四十年的生長，上面的羽毛過厚了。不光如此，原本猶如精鋼製成的鋒利的爪子，此時會因為老化而抓不住獵物，牠那漂亮而銳利的彎喙此時卻成了累贅，因為長年累月的生長，而牠又沒有老鼠般定時磨牙的習慣，所以牠的喙會變得彎而且長，長到幾乎能夠頂到牠自己的胸膛。到這種程度，如果這只鷹什麼都不做，那麼等待牠的只有死亡一條路。而如果想獲得生命上的蛻變，就必須做好承受痛苦的準備，而且這種痛苦要持續五個月。

動物如此，人何以堪？

生命是脆弱的，誰都沒有辦法真正把握自己的生死，但同時，生命又是堅強的。

而夢想能否實現，蛻變是以能否經受住風雨為標準的。

在你自己的努力下，夢想的軌跡會發生偏轉，朝著有利於你的方向發展。

3 夢想不會因一次風雨而毀滅

與其說是遭遇暴風驟雨的襲擊，不如說是某些干擾因素阻礙了你的夢想，然而，你真的甘心自己的目標如此脆弱不堪、一擊即中嗎？

風雨對某些人是不起作用的，因為他能在失敗過後重新審視自己，看自己是否在大方向上走錯了路，不要跟著感覺走，得過且過，那樣等你走到下一個路口，很可能再次摔跤。

暴風雨後不該是更加迷茫，而應該是更加清晰前方的路。如果走錯了路就要及時轉彎，重新確立目標，若方向正確，很有可能前方道路上石子太多沒注意到，這時就需要為自己點亮一盞燈，付諸行動，排除干擾，大膽地邁向下一個路口。

值得一提的是，無論你對失敗做何處理，都要調整好心態，放下失敗的心理包袱，坦然地接受它，面對自己，爭取早日從失敗的陰影裡走出來。如此這般修正自己，才能在下一段追夢的路途中少走彎路，無限接近成功。

4 一凡是沒有將你打敗的，都會讓你更強大

人的一生會得到許多，同時又會失去很多。

在人生的道路上，當你不斷撿起屬於自己的東西，擴充自己的裝備，增加自己的財富時，就會很滿足，充滿激情地向前走，因為你相信前方還有更好的東西等著你；然而當你陷入人生道路的泥濘中，就會失望，自暴自棄，放棄努力，以致絕望，以為自己失去了所有，破產了。

殊不知，絕望才是你最大的破產！

每個人都難免會有經歷風雨的時候，那些看似強大的人，無非是比我們更懂得如何將弱勢化為動力。

所以，既然成長無法拒絕，當風雨來的時候，怕什麼？迎難而上便是！

很多人提起「努力」這個詞的時候，總是以一種過來人的姿態嗤之以鼻。或許真的努力很久，也才只有1%的可能獲得自己想要的那個結果。但是，捫心自問，你真的抗爭過、努力過嗎？

一位高僧曾問李連杰：「這些年你吃了不少苦頭，但回過頭來想一想，是現在的你強大，還是過去的你強大？」

李連杰先是一愣，想了想回答說：「想著自己這半生的經歷，的確，那些困難現在看起來都不值一提了，可當時，又何嘗不是逼得自己無路可逃？可見，困難的確在讓我變得強大，至少，讓我的承受能力越來越強！」

的確，一個人的承受能力，其實是遠遠超過我們的想像。不到關鍵時刻，你很少能認識到自己的潛力有多大。同樣，在你沒有遭遇到痛苦的時候，也根本不知道自己能夠承受住多大的風雨。

人總是在遭遇一次重創之後，才會幡然醒悟，重新認識到自己的堅強和堅韌。

所以，無論你正在遭遇什麼磨難，都不要一味抱怨世界是多麼不公平，甚至從此一蹶不振。

這世界上，沒有過不去的事，只有過不去的人。凡是沒有打敗你的，都會讓你更強大！

05 志在成功，便有可能成功

心在哪裡，哪裡就有風景；
夢在哪裡，哪裡就有未來；
志在哪裡，哪裡就有成功！

有志者立長志，無志者常立志

成功者之所以成功，得益于志存高遠。信念堅定、志在成功者，才能專注人生奮鬥的腳步，而不是左顧右盼于人生的困境。

人生的路上，有大雨滂沱的沖刷，也有陰雨綿綿的滋潤；有陽光明媚的清晨，也有霧靄彌漫的傍晚，交織著忽高忽低之情境的人生才精彩，並能歷練一個人的意志和靈魂。

當今社會競爭激烈，唯有真正的強者才能經得起社會風雨的洗禮，而實力就來自一個人的志向——**一個人成功，往往是因為他志在成功！**

古人云：「有志者，立長志。」燕雀與鴻鵠的人生高度不一，所以前者無法明白後者的志向。立長志的人才能為未來奮鬥，拋開困難向前沖，直達成功的彼岸。

諾貝爾在研製炸藥時，一次意外的爆炸讓他的親人離他而去，他沒有放棄，因為他志在致力於人類和平；「有志者事竟成，臥薪嚐膽，三千越甲可吞吳」，這就是越王勾踐的志向，臥薪嚐膽對於他來說，並不是困難，因為志在複國。最後他們都成功了，即使在困難重重的時刻，因為他們有著堅定的意志！

記得遠房親戚家有個孩子Cherry，挺年輕的，總是希望能事業成功，成為眾人矚目的對象。可是他平時卻總是三天打魚，兩天曬網，沒有一個明確的人生目標，也沒有堅定的意志。

有一次，Cherry要在房間裡釘一幅畫，請父親來幫忙。畫已經在牆上扶好，正準備釘釘子，Cherry突然說：「這樣不好，最好釘兩個木塊，把畫掛上面。」

父親遵循他的意見，讓Cherry去找木塊。

木塊很快找來了，正要釘時，Cherry又說：「等一等，木塊有點大，最好能鋸掉點。」

於是四處去找鋸子。找來鋸子，還沒有鋸兩下，「不行，這鋸子太鈍了，」他說，「得磨一磨。」

Cherry家有一把銼刀，銼刀拿來了，他又發現銼刀沒有把柄。為了給銼刀安把柄，他又去屋後邊的一個灌木叢裡尋找小樹。

要砍下小樹，他又發現那把生滿老鏽的斧頭實在是不能用。

他又找來磨刀石，可為了固定住磨刀石，必須得製作幾根固定磨刀石的木條。為此他又讓父親去找一位木匠。

這時候，父親對Cherry說：「你這樣永遠掛不上一幅畫，就像總是成天說自己要成功一樣。一個人只有立長志，然後為自己的志向奮鬥，才會離成功越來越近，最終實現自己的夢，你連自己的志向都不知道在何處，哪裡談得上成功呢？」

Cherry終於醒悟過來，自那以後，他立志做一名美術老師，為了實現這個夢想，他在山上向一位老畫家求教數年，勤苦學，終於成了一名優秀的美術老師。

1 空談絕不會成功

有些空談者只會高喊著成功的口號，卻不知道自己的志向在哪裡，這是一種悲哀。所以，要想成功，就必須立志，只有瞭解人生的航向到底在何方，才談得上奮鬥和努力。

古之成大事者，不唯有超世之才，亦必有堅忍不拔之志。唐代詩人王勃說「窮且益堅，不墜青雲之志」。有志者，必當有堅定的信念，必然有超人的鬥志，即使遭遇逆境和困難，也無法阻擋他們奮鬥的決心。逆境中，他們的重心是為目標奮鬥，而不是愁苦眼前的困難，困難只是成功路上的風景，本末倒置就會陷入泥潭，不能自拔，最終與成功無緣。因此，成功的人往往是因為志在成功，而不是把目光放在奮鬥路上的小插曲上。

當然，成功的前提是要有明確的目標，然後為之奮鬥。所以，既然有夢想，首先就應做個有志者，立長志，不要太在意奮鬥路上的困難，放開困難的羈絆，然後奮力拼搏。

天行健，君子以自強不息，志在成功，才能自強，才能有不息的奮鬥精神！

拿破崙曾經說過：「我成功，是因為我志在成功。」可能你一輩子也成不了拿破崙，但是在你的人生中，志在成功總能讓你離成功更近一點。

想要獲取成功並非一件容易的事，但是，如果你心裡不曾相信自己能夠取得成功，那麼必將走向失敗。只若相信自己能成功，就能夠積攢到足夠的勇氣去克服各種困難，成功自然也會到來。

當你想要獲取成功的時候，既然在明知前方有困難的狀況下已經願意繼續前進，那麼，何不堅信自己能夠取得最後的成功！

很多時候，不是你不能取得成功，而是缺少相信自己能夠成功的信心。

你總是在自己遭遇打擊的時候，灰心喪氣，這猶如在自己已經流血的傷口上撒了一把鹽。然後，又將這種疼痛歸結為現實太殘酷。然而，你很少將出現問題的原因歸咎在自己身上，因為你很難看到自身的不足，在潛意識裡我們總是把自己想得太完美——實際上，你還有很多需要成長的地方。比如，關於成功，你缺少的就是取得成功的自信。

永遠不要抱怨社會對你的不公，也不要抱怨自己的不幸，當你志在成功，你就不會再受外界任何因素的影響。

2｜別對自己說「如果當時挺住就好」

有許多在追求夢想的道路上沒有取得成功的人，在看到別人成功之後，總是大發感慨，後悔莫及，對自己說著「如果當時能夠堅持住就好」的話——但這也就說明當初的你沒有堅持住，輸給了自己以為的無法逾越的困難。

很多時候，當你面對突如其來的困難的時候，都會覺得自己無法克服，可能會說：「天哪，怎麼辦？我根本無法解決這個問題。」或者：「這件事太難了，我真的辦不到，我從來沒有做過這件事。」

這樣的感慨你是否覺得似曾相識，回想一下，是不是自己也曾經這樣說過。

人一旦告訴自己「如果當時挺住就好」，就很難堅定走下去。不管是一些日常的小事，還是關於事業、關於人生、關於夢想的大事，你都有可能做出讓自己後悔的事。但最令你後悔的，恐怕是後悔當初的自己沒有在追求某一目標的時候堅持下來。

唯有心志不可摧，堅持下去，才會看到不一樣的自己。

06 在輸得起的年紀，遇見不放棄的自己

奮鬥沒有終點，追夢的人始終在努力的道路上。尚未成功卻一直追夢路上的我們，不怕輸是最大的資本，不放棄是最大的底氣。

或許你還年輕，但奮鬥的過程中卻不怕摔倒，永不放棄，做自己心中的英雄；或許你歷經滄桑，但依舊輸得起，這一切都因為你遇見了那個「不放棄的自己」，有了這樣的你，就能聽得見夢想的召喚。

別在最該奮鬥的時候選擇了安逸

在這瞬息萬變的世界，未來並不能夠預測。你很難知道，現在人們趨之若鶩的公務人員、跨國企業，會不會在十年後紛紛走向末路，帶來另一批失業潮。

如今，一份穩定的工作不再意味著一家老小的溫飽，早已擺脫溫飽的我們想要追求的是更有價值感的人生，能帶來更有尊嚴的生活。

當別人在夢想的路上為了自己的未來辛苦打拼的時候，依靠著父母的蔭庇，在舊體系中安逸度日並不保險。畢竟，若是人為地與這個社會的變革脫節，一旦環境發生變化便很難適應，最終被時代拋棄。

人生如逆水行舟，不進則退，只有對自己的人生不將就，才能變得更優秀，對夢想不將就，它才會給你豐厚的回報。

所以，你原本可以過上更好的生活，千萬不要在奮鬥的年紀選擇了安逸。多一點踏出去的勇氣。

夕陽西下，明朝還會東升，這次不行的話，只不過是從頭再來一次，事情不會像你想像的那麼好，但也不會像你想像的那麼糟。

1　讓工作和夢想充實自己的生活

著名海軍上將柏德在南極探險時，獨自一人在冰凍的大地上停留了五個月，條件的艱苦，極地氣候的寒冷，白晝與黑夜一樣暗，使他必須保持忙碌以免瘋狂。

他後來在著作《孤寂》中寫道：

「每晚，把燈吹熄前，我養成檢查明日工作的習慣。我指派自己花一個小時在逃生隧道上，半小時調整水平儀，一個小時弄直油燈，再花兩小時換上新的撬板……這個方法很管用，有能力分配這些時間，讓我自己感到擁有很強的自主性，不這樣做，日子毫無目的，沒有目的的日子，終會煙消雲散，消逝無痕。」

在人生道路上，不僅僅有陽光和鮮花，還有很多是烏雲和冰雹，在事業或其他方面的挫折接二連三地襲來時，一種憂慮煩惱的情緒也許會在心頭揮之不去，而這種心境對渴望成功的人來說是無形的障礙。

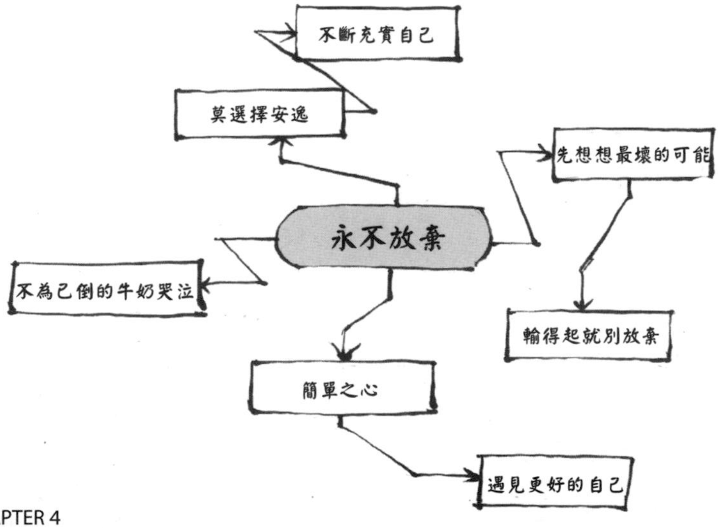

要使自己驅散消極憂慮的情緒，最好的辦法是找些事情來做，讓工作充實自己。當你投入工作之中，或者為某些事情忙碌時，夢想才會離你更近一些。

如果整天無所事事，不讓事情使你的日子過得充實，憂慮和恐懼就會像惡魔一般，于無形中摧毀我們行動與意志的力量。

2 不要為已倒的牛奶哭泣

國外有一則著名的「不要為已倒的牛奶哭泣」故事。

一天早上，同學們到實驗教室上課，老師的桌上放著一瓶牛奶，大家坐下後，看著牛奶，不知這跟課程有何關聯。

老師站起身來，把牛奶一把扔入水槽，並大聲對同學們說：「不要為已倒的牛奶而哭泣。」

老師讓同學們圍在水槽邊看那些碎片，並說：「看清楚！我要你們一輩子記牢這一課。」

你看到牛奶流走，卻再不能把它收回。但如果事先做好防範，就不會使牛奶倒掉，而現在太遲了，你能做的只是忘了它。

哪怕僅僅過了三分鐘，任何已過去的事我們都無法改變，但大部分人都會為過去的錯誤而煩惱，並長時間陷入其中不可自拔。

殊不知，後悔煩惱都是毫無意義的，唯一有益的辦法就是冷靜下來，吸取有用的經驗教訓，世上沒有後悔藥，任何後悔都不會挽救已發生的失敗，最好的辦法就是「不要為已倒的牛奶而哭泣」，擦乾眼淚，若還有夢，就重新上路。

3 先接受最壞的結果就沒有更可怕的事

每個人都有這種心理——當某一事件不好的結果即將發生時，往往束手無策而陷入焦慮當中。

出現這種情況時，不妨先從精神上接受即將發生的最壞的結果，使自己放鬆下來。因為如果一直焦慮下去的話，就不能集中精力做好其他的事，因為憂慮的時候，思想就會到處亂轉，從而使你喪失做決定的能力。

然而，在現實生活中，許多人不願接受最壞的打算，不肯由此以求改進，不願意在災難中盡可能地救出點東西來，只會使事情越變越糟，甚至到無可挽回的地步。

從精神上先接受最壞的結果，從心理學角度來講，它能夠將你從那個巨大的灰色雲層里拉下來，讓你不再因為憂慮而盲目摸索。它可以使你雙腳穩穩地站在地面上，如果你腳下沒有堅實的土地，又怎能冷靜面對不利情況從而做出正確的決定？

林語堂說過：「能接受最壞的情況，在心理上，就能讓你發揮出新的能力。」

當你強迫自己面對最壞的情況，並在精神上接受它之後，就能夠冷靜下來面對不利的情況，使你處在一個可以集中精力解決問題的位置。

所以，你只能從精神上先接受最壞的情況，冷靜面對，從困境中尋求希望，進而擺脫困境，繼續趕路。

4 一 既然輸得起就不要輕易放棄

在大多數情況下，成功並不是輕易就能取得的。

在成功到來之前，往往要經受各種各樣的失敗。

有些意志不夠堅定的人也許在這些失敗面前悲觀失望，放棄自己心中的夢想。

例如：「我能力有限，也很軟弱，現實社會又是多麼殘酷，看樣子我是無法實現自己的夢想了，不管什麼事我也幹不成了。」

如果一遇失敗就對前方的路產生動搖，潛意識就不會播下更多失敗的種子，終將遠離夢想的大門。

在失敗面前，最重要的就是不要對前途產生動搖，而要堅定成功的信念。

韓國前總統金泳三在國中時就立下遠大的志向，並在房間裡掛上寫著「未來總統金泳三」的條幅，他始終堅信自己將來能夠成為韓國總統，並朝著這一目標不斷努力，無論遇到再大的失敗，也從不放棄自己的夢想，終於他在戰勝了一系列挫折之後當選為韓國總統，實現了最初的夢想。

永不放棄心中的夢想，朝著正確的方向不斷努力，成功一定會很快到來。

既然輸得起，就要堅信成功，由此而產生的巨大動力會大大提高你的行動力。

5 — 保持簡單之心，遇見更好的自己

一顆簡單的心，能夠讓你在遭遇失敗的道路中始終明確心中的渴求。現實生活的殘酷能夠輕易將你置於迷茫和無助中，你看不清夢想所在的方向，也不知道到底要往哪裡走。久而久之，你的心裡裝了太多的雜念，在那個有限的空間，你的夢想很快就被淹沒其中。看不到最初的夢想，又該如何為之努力？

保持一顆簡單的心，簡單地面對生活，追逐夢想，如果能用這份簡單化解所有的困難，你就會成為一個不簡單的人。

07

只要還沒輸，就還能贏

我身邊有很多人，總是在自己遭遇各種困難的時候不願再起身向前，總是在自己不小心跌倒的時候，認為自己的人生已經到了絕境。

但是，那可能僅僅是擦傷了膝蓋或是扭到了腳踝，而這些對人生根本不會造成太大的影響，只是他們習慣了自己嚇自己。

這些人經常會在追夢的某段路上，不知道自己應該往哪裡走，像是一片落葉都能阻礙自己邁出前進的腳步。

我們經常會將自己遇到的一些小困難擴大化，擴大到像是能夠立刻要了我們的命。你就此停下腳步，不肯向前，懼怕前方還會出現其他的生猛野獸。

明明還在路上戰鬥，為何提前判自己出局

你要明白，一旦停下腳步也就意味著選擇了向人生妥協，結局自然是失敗。

曾經你信誓旦旦地向困難喊話：「我要打敗你，我不怕你，我要實現自己的夢想。」

可是，似乎只有響亮的口號，真正奔走在追求夢想的路上，在困難面前我們的勇士精神卻早已無影無蹤。

你無法預知未來會發生什麼，也不知道究竟會有怎樣的宿命在等著自己，但是只要你不懼怕困難，不拋棄夢想，就有足夠的勇氣繼續戰鬥。

有人說，在全球的視野裡，人們都是天地浮游的滄海一粟，像塵埃一樣微不足道；在歷史的長河中，人們都是白駒過隙匆匆過客，像流星一樣劃過天際。但如果你就此陷入悲觀主義的泥沼，隨波逐流，胸無目標，那就枉然一生。

真正的勇士，敢於直面人生，敢於正視現實，讓夢想之火熊熊燃燒，

讓生命的意義不斷放大，只要還在戰鬥，就沒有理由提前判自己出局。

有個晚上，在網上看到一則新聞，說的是一個身殘志堅的女孩子的感人故事。

她家境貧困，從小就夢想成為一名丹青高手，用自己的雙手繪最美的圖畫，可是命運之神殘酷地奪取了她的雙手。

在一段短暫的迷惘沉寂之後，她迅速振作起來，學著用雙腳繪畫，以她對繪畫執著的悟性，掌握了繪畫的技術。但是要想成為一名藝術家，不經過正規教育的薰陶肯定不行，她深知個中道理。於是為了能進入高等學府深造，她每天抽出時間徒步到離家幾十裡的一個旅遊景點，用各種彩線編出小工藝品出售，她計畫用兩到三年時間攢足學費。

她的經歷感動了社會各界人士，很多好心人要資助她，圓她求學之夢，但她一一婉言謝絕。

有一天，一個外地阿姨帶著幾萬元現金要支持她上學，她拒絕不掉，只好迅速逃離現場。結果那個阿姨追了五百多米，終於追上她，很生氣，覺得她不應該這樣倔強，善意的幫助有何不可接受？

但最終，女孩還是拒絕了。

她希望通過自己的努力，走進夢寐以求的學府。

又是幾年過去，女孩成功舉辦了個人畫展，作品的風格和魅力引起了業界的廣泛讚譽。

無疑，這名女孩正通過自己的努力走向成功，而且她腳下的道路也會越走越寬，因為再大的困難和挫折，都不會壓垮她、打倒她。

而她追逐夢想的意義也在不斷昇華，面對人生和未來，總有一天，她會真正擁有強大的內心。

1─困難是走向成功的階梯

挫折是可怕的，但卻是人生、是夢想旅途中成長不可缺少的基石。每個人在成長過程中都會面對林林總總的困難和挫折，都會面對許許多多的誘惑和陷阱，困難就像一座大山，想看到大海就得爬過它；困難是一片沙漠，想見到綠洲就得走出它；困難還是一道海峽，想見到陸地就得遊過它。

困難有時是會給人帶來傷害，但它還給我們帶來了成長的經驗。被熱水燙過的小孩子是絕不會再將稚嫩的小手伸進熱水裡的，即使他再頑皮，也會記得熱水帶來的傷痛；被刀子割破了手指的小孩子是絕不會再肆無忌憚地拿著刀子玩耍的，因為他知道刀子很危險。

孩子們經歷了困難，但他們換來了成長的經驗，這不正是我們所說的「壞事變好事」嗎？

有位名人說過：「**勇者視困難為走向成功的階梯，弱者視之為絆腳石。**」上天之所以要製造這麼多的困難，就是為了讓你在困難中成長，當你戰勝種種困難，驀然回首時，你就會驚喜地發現，你成熟了。

其實，我們每個人的心中都有自己的夢想，每個人都想好好努力，贏得體面的尊嚴，但如果你能堅定信念，朝著心中的目標頑強跋涉，你就能實現心中的夢想，成為一個令人敬佩令人尊重的人。

夢想是一個嚴肅的話題，如何讓生命的羽翼更加豐滿，讓夢想更加充實、更加富足、更有意義，答案很簡單，去戰鬥吧，永不回頭！

2 與其跟別人比較，不如跟自己賽跑

在追求夢想的過程中，人很容易因為某一次失敗而陷入自卑心理，覺得周圍比自己優秀的人太多，而自己卻並沒有什麼過人之處。

這樣的心理會導致人一直處在一種自我封閉的狀態——不喜歡和別人交往，也不會向別人表達自己的想法，只是一個人默默地活在自己的小世界中。

我們必須意識到，這樣的狀態只會讓你遠離自己的夢想，但誰又願意輕易放棄自己的夢想，更沒有人願意向這個世界認輸。

所以，你可以自卑一段時間，但醒悟之後，更要認識到應該通過自己的努力向世界證明自己。

天外有天，人外有人。與其跟他人比較，不如跟自己賽跑。

迷茫之時，請重新投入戰鬥中，只要你還在戰鬥，就還沒有輸！

08 即便是失敗，也是向前一步

在現實生活中，很多人都懼怕失敗。特別是在面對夢想路上的種種挑戰，總是擔心萬一失敗了怎麼辦。

懼怕失敗，往往是因為你害怕失敗後帶來的痛苦，但如果因為懼怕失敗就不肯向前邁步，那你只會永遠待在原地，反之，即便是失敗，也是向前一步。

失敗並不意味著後退

失敗只是一種結果，這個結果對所有人來說都是一件特別糟糕的事。但有時，即使失敗了，也是向前走了一步。

就像在賽道上賽跑的運動員們，冠軍只有一個，在出發前誰都不知道結果如何。

只有努力往前飛奔，邁出步伐，大步跑出去才能知道最終的結果。即使你不幸與冠軍失之交臂，最起碼你做出了自己的努力，你離終點又近了很多。

很多人忘了，在你不幸跌倒的時候，你得到的不僅是失敗帶來的痛苦，還有失敗帶給你的經驗教訓。在失敗中，你能夠清楚地看到自身的缺陷與不足，自己與夢想的距離。

當你靜下心來自我反省的時候，就會發現失敗帶給你太多寶貴的東西，而不只是失落——這些寶貴的東西促使你邁出下一步的動力。

所以，即使失敗又怎樣，人生本來就是一個不斷跌倒和爬起的過程。不管夢想為你準備了什麼樣的坎兒，不管這道坎兒會讓你承受怎樣的痛，只要在這個過程中你還能夠時刻堅守自己的夢想，繼續努力付出，終有一天能夠取得最後的成功。

1　失敗會帶來痛苦，也會帶來前進的動力

著名作家林清玄說過：「痛苦是產生智慧的根源。」

失敗會帶來痛苦，亦會帶來反思。反思會讓你總結經驗教訓，避免再次出現錯誤，修煉心靈的同時，讓你的意志更加堅不可摧。

有這樣一個女孩，她出生在英國的一個貧苦家庭，自幼多苦多難。五歲時，母親去世，父親的收入僅夠維持溫飽。不過，她的父親畢業于劍橋聖約翰學院，學識淵博，經常在家教她和弟妹們讀書，這也成為她苦難生活中的唯一樂趣。

她從小對文學就表現出了濃厚的興趣，自己經常會寫一些作品，但都沒有發表過。二十歲時，她鼓足勇氣把自己寫的幾首詩寄給當時的報社，然後滿懷期待地等著回信。結果等到的卻是一次沉重的打擊。

該報社編輯在回信中言辭非常犀利：「文學與婦女無關，不是女人的事情。女人想在文學上取得成功，簡直異想天開。」

這一回信如同是在她燃燒著的文學熱情上澆了一盆涼水，她很傷心，但並沒有為此喪失信心，而是繼續堅持寫作。

後來，她無意中讀到了妹妹寫的一些詩，萌生了三姐妹合出一本詩集的想法。這個想法很快得到了妹妹們的同意。她們借了一些錢自費出了一本詩集，但效果並不理想。詩集出版後，乏人問津。但這件事卻再次激發了她們對文學的創作熱情，於是，姐妹三人開始埋頭寫作。

這時的她已經三十歲了。她花了將近一年的時間，寫成了一部取名為《教師》的長篇小說。

結果再次如晴天霹靂，兩個妹妹的小說都被接受了，很快就會出版，唯獨她的小說被退稿。這對她來說又是一次沉重打擊，但她沒有為此退縮，重新開始創作。

第二年，她的另一部長篇小說橫空出世，終於順利被出版社採用。而這部長篇小說至今仍然被世人推崇為經典，它有一個好聽的名字《簡・愛》，而她就是這部小說的作者—十九世紀英國著名的女作家夏洛蒂・勃朗特。

古今中外，很多傑出的偉人都曾遭受失敗的重創，面臨過數不清的困難。同時，像夏洛蒂・勃朗特這樣微笑著面對生活中的失敗，最終取得成功的人也有很多。

在面對失敗時，不要隨意屈服，要笑對失敗，坦然面對生活中的挫折，一時的失敗不可怕，只有這樣，才有可能看到今後夢想旅途中更加絢爛的彩虹。

美國著名作家海明威說：「一個人可以被毀滅，但不能夠被打敗。」一個人可以不斷失敗，但在精神和意志上不能認輸。當失敗來臨的時候，我們不能恐慌或者逃避，而是應該堅定信念，相信自己，告訴自己，失敗，永遠都只是暫時的，只要跨越它，你才有可能繼續向前。

人生道路充滿坎坷，面對困難，你可以沒有贏，卻不能輸。不能輸掉勇氣和自信，不能輸掉精神和鬥志，永不言敗，經過千錘百煉之後，終將取得成功。

然而，在現實中，很多人都有「失敗者心理」——遇到失敗，一心只顧抱怨外界因素，而沒有意識到自己應該如何採取行動，同時因為沒有很好地利用已有資源，最終導致了更多次的失敗。

所以，既然選擇了上路，就少一些抱怨，以一種正常的積極的心態對待失敗，那樣你可能會發現，成功其實離你並不遙遠。

2 「失敗者心理」使夢想愈加渺小

就在本書快要截稿之時，我在某個培訓會上做了兩次演講。

那次會議有數百人從各地應邀出席，這些人都在過去一年裡為我所培訓的公司創下了不菲的業績，因此公司特別舉辦一次盛會來褒獎他們。

我發現，這些出類拔萃的成功者往往是拋棄了消極的思想、態度與想像，他們就是這樣漸漸遠離了「失敗者心理」。

這些人在擁有了積極的態度之後，他們便更加相信積極思考的力量。想像每一次的成功，更加努力工作，於是最終成為勝利者。他們的家人也在這個過程中感受到了別樣的幸福。這些，別人能做到，你也能做到！

出席者中有一位成功人士很直接地說：「我最終獲得成功，並不是靠自己，而是要歸功於我的妻子。是她把我從失敗者心理中拉出來，否則我將離夢想愈來愈遠。」

站在身邊的妻子卻客氣地說：「我的丈夫本來就很優秀，我也只是讓他想起自己真正的實力而已。」

原來，她的丈夫過去很不自信，更害怕失敗。不管做什麼，他對自己的能力沒有信心，不相信自己的力量，往往低估自己的能力。妻子發現，在她與丈夫平常的談話中，丈夫悲觀和否定的語言日漸增加，像是：「好像不會順利」、「他應該做得到，我卻不行」、「我真的做不好這個工作」等等。

後來，妻子還發現，在業績優秀的人得獎時，丈夫會表現出典型的消極心理：「得獎的人肯定不會是我。」這裡之所以說典型，是因為他從來沒有想像過自己成功的樣子。

有一天，丈夫在早餐時和過去一樣悲觀地發牢騷，妻子這次認真地反駁道：「你聽我說，每天聽你發牢騷，我都聽膩了。我最瞭解你，你是個

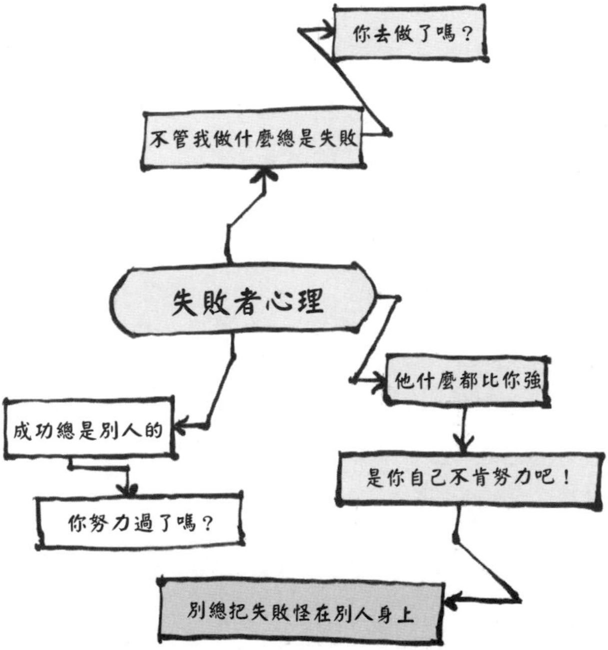

優秀的有夢想的人，只不過每次都是自己欺騙自己。夠了，我已經看不下去更聽不下去這種論調了。如果這是事實，那我也無話可說，但若是自欺欺人的謊言，就請你不要再說了。」

丈夫很想阻止妻子數落，但妻子還是繼續說：「我還沒說完。我很瞭解你，更相信你。所以我不準備默默地看著你因為無用的失敗者心理使自己成為庸才。像個真正的男人那樣和自己決戰吧！以後如果你再說消極的話，別怪我聽不下去。」

妻子一連串地說完這些才停了下來，而丈夫也終於被她的話打動，他知道妻子說的都是事實。

為了不再說消極的話，他開始改說積極的話。就這樣，慢慢地，他自然開始做積極的思考，進而開始積極行動了。

經過努力，今天他終於獲得了成功。因此他被邀請參加這次大會，我們也正是在那裡相遇。

他自信地摟著妻子的肩，榮耀地說：「能有一個瞭解我、激發我潛能的妻子，真是人生中的幸事。」

3—你只是平凡人，沒必要自卑和害怕失敗

領略了平凡，才會收藏當初丟棄的幸福；品味了痛苦，才能珍視曾經忽略的快樂。

沒有失敗的痛苦，恐怕夢想的盛宴就淡了原味；沒有平凡的人生，夢想的畫卷就淺了底色。

你笑也好，哭也好，抱怨和幻想是沒有用的；你走也好，停也好，你要面對的，是現實中血淋淋的殘酷。

當你覺得處處不如人時，也沒必要自卑，你也只是個平凡人。

4—即使輸掉一切，也不要輸掉微笑

在你失敗之時，若沒有人關心你，當別人忽略你時，不要傷心，每個人都有自己的生活，沒有人有義務一直陪伴一個失敗者。

不要以為，世界上只有你一個人在傷心，而全世界都在笑。其實別人只是比你會掩飾，比你更堅強。

當你很無助時，你可以哭，但哭過後，必須要振作起來繼續趕路。

英國著名作家薩克雷說：「生活就是一面鏡子，你笑，它也笑；你哭，它也哭。」

追夢旅途，不可能一帆風順，需要面對種種失敗和無奈。是一味埋怨生活，消沉、萎靡不振，還是對這一切心懷感激，從中學習，不斷增強自己的能力，跌倒了再爬起來？兩種態度，導向兩種完全不一樣的人生道路。

試想，史特龍（Sylvester）[10]如果不是對遭遇的拒絕和挫折都心懷感激，並從中學習，而是怨天尤人，消極頹廢，可能就會像父母一樣，成為賭徒、酒鬼，一事無成。

面對生活中的陽光和雨露，面對別人的幫助和讚美，我們每個人都會自發地感激，這是人之常情。可是，面對不幸和挫折，面對別人的詆毀呢，我們是不是能做到心懷感激，是不是能從別人的批評中汲取經驗教

10 好萊塢武打動作巨星。

訓？如果能，那就距離成功近了一步；反之，就向失敗走近了一步。

面對別人故意或者無意的惡意，我們心懷感激，是為了自己。這種感恩不是軟弱，而是暗中蓄積自己的力量；也不是無能，而是一種君子才具備的豁達。心中豁達，自身的力量不斷增強，成功還會遠嗎？

5 — 失敗是暫時的，你只是為了向前一步

失敗只是暫時的。屢敗屢戰，才能獲得成功。想要成功，首先就要做好失敗的準備。

一個人，只有能夠坦然面對失敗，才能在充滿荊棘的道路上不斷前行，才能順利到達目的地。因為不害怕失敗，所以輸得起，所以能努力拼搏，全力付出，無論什麼樣的結果都能接受。

從這個角度來說，不怕失敗才是成功者最大的本錢。只有擁有了不怕失敗這個本錢，才有成功的可能。

別人的成功或者失敗很容易被延續，但他們成功前的堅韌執著和失敗後的心路歷程卻很難複製。

有些事，從結果上你的確是輸了，可從過程上看，卻是贏了一次前進的機會。

夢想最大的挑戰之處在於堅持下去

你只聞到我的香水，卻沒看到我的汗水。
你有你的規則，我有我的選擇。
你否定我的現在，我決定我的未來。
你嘲笑我一無所有不配去愛，我可憐你總是等待。
你可以輕視我們的年輕，我們會證明，這是誰的時代。
夢想是註定孤獨的旅行，路上少不了質疑和嘲笑。
但那又怎樣，哪怕遍體鱗傷，也要活得漂亮！

現實中，很多人一輩子都在偽裝自己，像是人生失去目標或企圖心，但內心深處卻渴望貪戀更多。

你將自己困在枷鎖之中，否定自己的付出和能力，如夢遊一般度過短暫一生。你想盡辦法去逃避夢想，想去的地方想體驗的生活，還來不及到達就失敗了。一切在「放棄」二字停止了。

「放棄」二字，使你產生各種藉口，「放棄」二字，使你不敢面對恐懼，你的卻步，你的付諸行動，似乎因此變得合理化。殊不知，「放棄」扼殺了你的夢想。

大多數人會怎麼做？

大多數人會選擇繼續過麻木的人生。

你被自己給抑制住，你有很多想法卻不去實踐，害怕冒著風險，甚至連在拒絕的時候，都不知道自己在抗拒什麼。

不要因「放棄」二字而選擇躲在角落。

很多人曾經說過：「但是我嘗試過了啊！」、「但是我努力過了啊！只是不那麼成功而已。」這些話繼續變成藉口，從此你再也不敢嘗試。

即便沒有成功，也不代表你是失敗者，失敗和失敗者是不一樣的。

趁年輕，做你想做的事情，去你想去的地方，千萬別對夢想有所隱瞞，千萬不要對自己感到滿意。無論身在何處，你永遠值得擁有更好的生活，為何不現在下定決心，去實踐自己的夢想。

其他人可以做到，你也一定可以！

如果你正在努力實踐夢想，一定會有想放棄的時刻，一定會有現實把你擊倒，然後使你一蹶不振。

夢想最大的挑戰之處在於堅持下去。你若堅持不放棄，即便註定是一場孤獨而冒險的旅行，全世界都會支援你！

國家圖書館出版品預行編目（CIP）資料

我沒輸,正準備贏：找到自己夢想,就要義無反顧的開始 / 成偉著. -- 初版. -- 新北市：大喜文化, 2016.10
面；　公分. --（喚起；19）
ISBN 978-986-93623-0-6（平裝）

1.自我實現 2.成功法

177.2　　105016637

喚起 19

我沒輸，正準備贏：找到自己夢想，就要義無反顧的開始

作　者	成偉
編　輯	鄧琪潔
發行人	梁崇明
出版者	大喜文化有限公司
登記證	行政院新聞局局版台省業字第 244 號
P.O.BOX	中和市郵政第 2-193 號信箱
發行處	23556 新北市中和區板南路 498 號 7 樓之 2
電　話	(02)2223-1391
傳　真	(02)2223-1077
E-mail	joy131499@gmail.com
銀行匯款	銀行代號：050，帳號：002-120-348-27 臺灣企銀，帳戶：大喜文化有限公司
劃撥帳號	5023-2915，帳戶：大喜文化有限公司
總經銷商	聯合發行股份有限公司
地　址	231 新北市新店區寶橋路 235 巷 6 弄 6 號 2 樓
電　話	(02)2917-8022
傳　真	(02)2915-6275
初　版	2016 年 10 月
流通費	新台幣 280 元
網　址	www.facebook.com/joy131499